アジア人初のブラジリアン柔術黒帯世界王者への道

# 世界の頂点を極める

宮本明浩 著
大賀幹夫 監修

ヌース出版

表紙写真撮影：　akineko._.ph
表紙デザイン：　ROKKA LOTTA

# まえがき

二〇二二年九月、山口県柳井市の道場で行われた「大賀幹夫セミナー」で初めて大賀先生にお会いしました。私が通っていた道場のホームページで大賀先生の偉業を知っていましたので、さぞ強面の威圧感のある方なのだろうと想像していました。ところが実際にお会いしてみると、想像とは正反対の「好青年」的風貌と高い声、そして優しく丁寧で、きめ細かな技術指導のされ方に驚きました。そんな出会いで大賀先生のファンとなり、ネットで「大賀幹夫アーカイブ」を見付け、大量の記録（日記・メモ・覚書など）を残しておられることを知ったのです。出版業界で三三年生きて来た私にとって、それらは宝の山に感じられました。

私は還暦を過ぎてから柔術を始めましたが、大賀先生の記録を読んでいると、柔術に対する愛情が増し、二〇二四年三月八日に、私が所属する「のん@柔術クラブZ」の角師匠から青帯認定を頂きました。今後は、帯の色を上げる為にも、『大賀式　柔術上達論』（日賀出版社）の第一章と第二章の理解に努めようと考えています。角師匠の次の言葉が印象深かったからです。「三回目を読んでやっと分かったが、あの章にはもの凄いことが書かれてある。グループ内だけの秘伝にして欲しかった」。つまり、大賀先生が代表のねわざワールドグループの「奥義書」とすべき柔術技術の上達理論を公開されたのです。私は第三章から技の参考書として見ているだけでした。角師匠はブラジリアン柔術黒帯で柔道四段ですから、私には遠く及ばない境地にある人です。ですから、私が本当に「分かる」レベルに達することが出来るかどうか、自信はありませんが。

大賀先生の競技者としての凄さは自明ですが、卓越した柔術の上達理論を構築された類まれな能力は如何にして育まれたのか。幼少期の辛い経験が「今を感謝できる人」にし、柔道部時代の厳しい練習が心身の土台を築き、京セラで世界一を競った開発ノウハウを柔術に活かし、柔道部の恩師や部員たち・会社の上司・友人たちとの出会いをエネルギーに変えていく。世界の頂点を極めた後は、柔術界の為に自らの経験を伝えていく。本書には柔術家や格闘家に限らず、あらゆる競技者に共通した普遍的な「試合に勝つ」「世界一になる」為のヒントが詰まっています。

著者は私（宮本明浩）となっていますが、私はリライトして纏めただけで、大賀先生が長年に渡って書き溜めて来られた貴重な記録が本書の実態なのです。私のような好き嫌いのイメージ優先の人間にとっては、柔術に対する心の壁を取り除き、柔術の世界へと誘い導く効果もあると思っています。大賀先生が居酒屋で気楽に話した言葉を文字にしたような親しみ易さ、実況中継を聴いているかのような臨場感、そして何より大賀先生の魅力が最も効果的に読者に伝わり、若者にとっては直接励まされるような半生記になったと自負しています。ご多忙中、監修の労をお取り下さった大賀幹夫先生には心からの感謝をいたします。

二〇二四年四月吉日　宮本明浩

# 目次

## 第二章　柔道部〜社会人・柔術着手

# 第一章　出生前〜小学生

## 祖父の兄の秀夫さんとそっくり！

大賀（おおが）という姓は、結構珍しいですね。子供心にも「変わっているなぁ」と思った覚えがあります。時々「たいがさんですか？」とも言われます。有名な大賀さんとしては、二千年前の蓮の実を発芽させて花を咲かせた大賀ハスの大賀一郎さんとか、ソニーの名誉会長・大賀典雄さんがいらっしゃいます。僕の家系は、どちらの大賀さんとも関係ないようです。時々酔っ払った祖父や父が、「うちの先祖は、菅原道真さんと一緒に京都から下って来た大宮人（おおみやびと）の末裔だから」と言うこともありますが、どうやらそうでもなさそうです。

実家は福岡県の太宰府で、博多には「大賀商人」という一族がいたと書いてある大賀文書（おおがもんじょ）という古文書もあるらしいですが、大賀商人とも関係がないそうです。

祖父（父の父）は雄七（ゆうひち）と言います。七がつくけど、七番目の子供というわけではありません。長男でもない筈です。祖父の代くらいに、不老（ふろう）家から大賀家が分かれたそうです。太宰府には不老家は結構あります。

祖父の兄弟は他に三名いたのですが、皆、戦死してしまったために、祖父が家を継ぐことになったそうです。兄弟が亡くなってしまったことも、他に大賀姓の家がないという理由でもあります。因みに、女性の姉妹は二名いますが、お嫁に行ったので違う姓になります。

昔の実家では何故か、台所に戦死した大叔父達の遺影がかけてあった（神棚は家の奥にあったのですが）ので、子供の頃は食事の度に、軍服姿の大叔父たちを見上げながら、また見られながらご飯を食べていたのを思い出します。特に祖父の兄の秀夫さんという方と僕はそっくりだと言われることがあったので、親近感を持つことがありました。海軍の結構偉い方で、潜水艦に乗っていたそうです。僕は、ご先祖様の加護というのを感じるのです。本当にありがたいことです。

祖父とは六〇歳違いです。兵隊として中国に行きましたが、無事帰国しました。祖父の父までは商売をしていたそうですが、お店をたたんで祖父は東京海上火災に勤めたそうです。因みに僕の名前の「幹夫」は、その会社の社長（？）か、祖父がお世話になった上司の名前からもらったそうです。何のドラマ性もない由来なので悲しいです。ミキオという名前自体も、子供の頃は可愛く感じてあんまり好きではありませんでした。（『ミキオとみきお』という漫画がありましたが、それが元でからかわれるような変な漫画でなくて本当に良かったです）。そして、詳しくは知らないのですが、太宰府町の議員も勤めたそうです。ある程度、由緒のある家柄だったのかもしれません。

僕が小さい頃から祖父は耳が悪くて補聴器をしていて、奥の部屋でコタツに入ってテレビで時代劇ばかり見ていました。何か話しかけても「は!?　聞こえん!!」と怒鳴られるので、何だか怖い存在でした。しかし、成長するにつれ、何となく祖父を好きになりました。自分とよく似ているところがあるような気がするからです。実際、僕の父や兄や親戚一同にも、自営業をやっている人は殆どいません。僕だけ突然変異のような感じで、こんな将来の保障も何もない、浮き草暮らしをやっています。我ながら、かなり不思議です。しかし、祖父も自分の代で店を閉めたとはいえ、商売人の気質があったようです。株の話とかをご飯時にしていましたし、アパート経営もしていたようです。家の裏には畑があったのですが、自動車時代が来ることを見越し、家を動かして道路に面した敷地を駐車場にする、ということもやったそうです。

## 運動神経は母方から受け継いだ

父の名前は寛（ひろし）です。僕とは三二歳違い。長男で、弟と妹がいます。妹さんは僕が大学生の時に亡くなりました。父の母は教育ママだったらしく、父は中学から受験して地元の中学ではなく、福岡中学に通っていた筈です。（少しアヤフヤですが）。それから福岡高校、九州大学工学部応用化学科に進んだと思います。卒業後「十條製紙」（現「日本製紙」）に就職して、六〇歳の定年まで勤めました。かなり変わり者で、僕も変わっていると思いますけど、それは彼から受け継いでいるところが大です。顔も似ていますし、しゃべり方、特に電話でのしゃべり方は呆れるほど似ています。

母は恵子（けいこ）です。二八歳の時に僕を産みました。父とは四歳違いです。父と母は見合い結婚でした。そのせいか、僕も昔から「俺も見合いで結婚するのだろう」と思っていました。

母は兄が三人、弟が一人の兄弟構成です。母の実家は福岡県夜須町？（市町村合併で変わっているかも）。造り酒屋さんをしていたそうで、田んぼもかなり持っていたそうですが、農地改革で大部分を手放したそうです。母の父の孫四郎さんは、お百姓さんからの人望のある立派な方だったそうです。

母は歌が好きですが、自分では認めませんが、かなり音痴です。あと、卓球をしていて、正月に帰省した時に玄関にトロフィーがありまして、六二歳の頃に年齢制限無しの団体戦で優勝したそうです。母は一度も負けなかったから、皆から「トロフィーを持って帰っていいよ」と言われたそうです。

母の弟は警視庁を定年退職しましたが、中曽根首相のSPをしていました。高卒で働きながら大学を出て、努力して出世した実力のある人だと思います。剣道がかなり強かったそうです。母の実家は剣道が強い人が多いです。僕は子供の頃、球技と団体競技が下手だし苦手だったので、まさかスポーツで身を立てることになるとは夢にも思っていませんでした。走るとかの単純競技はまあまあだったので、きっと運動神経は母方から受け継いだのだろうと、感謝にたえない次第です。乱暴に言うと父方は頭が良くて大人しい人が多く、母方は運動ができて大人しくない人が多いようです。ちょうど良かったのかもしれません。

兄は雄一朗、「郎」ではなく「朗」ですね。二歳年上です。物凄く痩せています。声も物凄く高いです。僕もそうですが、祖父も父も兄も痩せています。競技柔術をする上では、減量の必要がないというのはありがたいことです。祖父も父も兄も僕も顔が良く似ています。家に来た友達は大体笑い出します。違うところとしては、兄は優しい人です。僕と全然違います。というか、僕が優しくなさすぎるだけかも？　僕は自分で言うのも何ですが、通り一遍の優しさは別にして、一般的に言われる優しさは全く無いと思います。職人タイプだから仕方がないです。

兄はおしゃれだったり、生活がだらしなかったりします。僕もだらしないですが、桁が違います。それと、文科系の人です。体育会系ではありません。小学低学年までは仲良く遊んでいましたが、思春期になってからは物凄く仲が悪くなりました。お互い（僕だけか？）、相手の価値観が分からなかったのだと思います。僕が就職したあたりから、仲が良くなってきたから、やっぱり僕が原因だったのでしょうか？　仲良くしようとアプローチしたのは僕だったような気がします。

兄は大学で東京に出ましたが就職は福岡の銀行にして、今は実家の近くに住んでいます。結婚して、娘もいます。余談ですが、兄嫁はとっても可愛いく、僕より一歳年下です。「年下の可愛いお姉さんができたんだよ～。過ちが起きたらどうしよう～!?　わ～ぃ」と友達に言ったりしていましたが、何も過ちが起きないまま赤ちゃんを産みました。

うちの実家は古い家で、「家を継ぐ」という概念がありました。変わり者の父は「そんなことは要らんこと」と言ってはいましたが、兄が堅い所に就職して立派に家庭も持って、実家の近くに住んでくれている、というのはありがたいことです。お陰で、僕はこんなに好き放題なことができています。

## 灰色の子ども時代があるから、今の幸せな境遇をありがたく思える

僕は一九七一年一月一七日、午前九時一七分に産まれました。ちゃんと頭から産まれたみたいですが、へその緒が首に絡まっていたらしいです。だから、絞め技が好きなのかもしれません。六時間で産まれたそうです。時間をかけてすみません。母子手帳には

体重：2,900g　(3,200g)
身長：47.5cm　(50.2cm)
胸囲：30.5cm　(32.8cm)
頭囲：32.5cm

となっています。カッコ内は前年の平均ですから、ちょっと小さめですね。

場所は大阪市の都島区です。父がその頃、都島の工場で働いていたそうです。都島という文字を知ったのは、つい最近です。ずっと宮古島とごっちゃになっていました。血液型はA型です。祖父も父も母も兄もAB型なので、僕もずっとABだと思っていたのですが、A。AAですから、真正のA型と言っていいでしょう。左利きです。祖父も左利きです。しかし、母が左利きを嫌っ

て、箸と鉛筆は右に矯正されました。因みに、可愛い兄嫁はＡＢ型の左利きです。よくよく大賀家と縁があったのでしょう。

大阪は僕が幼稚園に上がる前に引っ越してしまったので、僕自身は大阪の記憶は殆どなく、微かにアパートの何階かの窓から電車を見ていた記憶があるかないかという感じです。父はその頃、三交代で働いていたらしく、休日は兄と僕を色々な所に遊びに連れて行ってくれたらしいです。奈良の鹿公園とか・・・残念ながら全然覚えていません。その影響で旅行が好きになったのでしょうか？　父は短気で、僕ら兄弟はよく泣いたらしく、泣くと「うるさいから」と、押入れに入れていたらしいです。お産の手伝いに来ていた母の母がそれを見てびっくりしていた、と後で母からよく聞かされました。僕もかなり短気なところがあるので、父の気持ちも良く分かるからいいのですが。

幼稚園に入るちょっと前に、父の転勤に伴い熊本県の八代に引っ越したのだと思います。自分の中学までの子供時代って、楽しいことより辛いことのほうが圧倒的に多かったので、あまり書きたくないのですが。時々「子供の頃に戻れたらなぁ」と言う方もいらっしゃいますが、僕は高校以前の自分に戻るのは絶対に嫌です。辛いことがあったというより、その時の僕の心が何でもかんでも辛いことに取ってしまった、というのが原因だと思うのですが。ナイーブというか、臆病というか、感受性が鋭敏というか、視野や考え方が狭いというか。しかも、その感受性は実生活にはさっぱり役に立たないものなので、余計に腹がたちます。抽象的な書き方ですみません。僕は中学生までは石ころみたいなもので、高校でやっと植物並になって、大学で動物になって、会社に入ってやっと人間になったかな、というところがあります。まあ、あの灰色の子ども時代があるから、今の幸せな境遇を、とてもありがたく思えるのでしょう。

## 初恋相手に、お尻ばかり見ていたと誤解された!

幼稚園にあがる前頃に初恋がありました。同じ歳の子でした。丸顔で小柄で可愛くて、とても優しい子でした。四人兄弟の一番お姉さんで、とてもしっかりしていました。二人とも、お父さんが同じ会社に勤めていたので、同じ社宅に住んでいました。同じ棟ではありませんでしたが。田舎では、春の田植え前の田んぼにはレンゲが沢山咲くのですが、二人でレンゲを摘んだりしました。その子が花の首飾りを作ってくれたりしました。(僕は上手く作れませんでした)。今でもレンゲが咲いているのを見ると、胸がキュンとします。

幼稚園のお遊戯会で、その子のクラスは、お尻を振るダンスをして、僕は「可愛いなぁ」と、その子ばかり見ていたのですが、後でその子から「みきちゃん、お尻ばっかり見て、もう!」と言われ、「そんなんじゃないよ!」と言いたかったのですが、ビックリするやら恥ずかしいやらで何も言えませんでした。

その子と、社宅のはずれの公園の土管の中に「秘密基地」を作ったりしました。「二人の秘密だよ」なんて・・・。子供の頃の自分には戻りたくないと書きましたが、あの子といた時期なら戻ってもいいです。僕はその頃、他の友達がいなかったのか、記憶に無いです。お互いに「結婚するんだ」と思っていたと思うのですが、父の転勤で小学二年生にあがる時に僕は東京に行ってしまい、離れ離れになります。

彼女は、お父さんの転勤で富山に引っ越しました。年賀状はずっとやり取りをしていました。「みきちゃんに、今、好きな子がいたら、この手紙は破いていいわ」という手紙が来たりして、「あ、会いたいよ〜」とか思ったり。しかし、そんな手紙を母親は読んだりするのです。

直ぐに僕は名古屋に、彼女は北海道（釧路）に親が転勤になりました。旅行好きな僕は「北海道に行きたい！」とわがままを言って、小学四年か五年の時に一人で彼女一家を頼って、北海道旅行に行きました。彼女一家と一緒に、摩周湖・阿寒湖でキャンプをしたりしました。

また、僕は福岡に、彼女は東京に引越しです。その頃になると、時々手紙のやり取りをしていたくらいです。僕は大学生の時、北海道旅行の帰りに東京に寄り、一度彼女の家に、いきなり行ったことがあります。留守でした。

その後、彼女から「結婚しました」という年賀状が来ました。凄いショックでした。それから会社員だった僕は、一度、東京出張の時に彼女と会いました。可愛かったです。思い出の人だと思いました。少しお茶を飲んで「これから（柔術の）練習に行くから」と別れました。

ねわワ富山支部ができた時は、富山で酔っ払った時に「今、富山にいるんだよ〜」とか電話したりしました。「思い出してくれてありがとう」とか言われて、もうどうしようって感じでした。最近は、年賀状のやり取りだけになっています。年賀状には子供の写真（当時六歳）が載っていました。僕が、あの子と遊んでいた頃の歳で、感無量です。彼女が幸せに暮らしてくれればいいと心から思います。

僕は、この頃（今もそうである部分もあると思いますが）物凄く色白でした。顔は真面目な感じですし、声も高くて細かったです。身体も痩せていますし、猫背です。ということで、ナメられてしまうのです。だからと言って、ナメてくる奴に向かっていったかと言うと、できなかったです。性格も、内気で控えめですし。腹が立つことがあっても、身体を使った喧嘩も口喧嘩もしなかったです。争いごとが嫌いなのかといえば、兄とはよく喧嘩をしていたので、やはり内弁慶だったのでしょう。高校くらいまで、自分の外見が嫌で嫌でしょうがなかったのです。それは多かれ少なかれ、誰にでもある思いでしょうか？「なんで、俺、こんなにナメられなきゃいかんのか？」という小さい頃の思いは、ある程度性格に影響を与えていると思います。

今は、カッコ良くないのは残念ですが、外見に特に不服はないです。特に「真面目に見えるというのは、物凄い財産だ！」と、ありがたく思っています。自分では自分を大して真面目では無いと思うのですけど、人は勝手にそう見てくれるので助かります。

## 自分が考えていることを、他の人は知ることができない

幼稚園時代、父はよく外に連れて行ってくれました。優しかったのか、自分が外出が好きなのか、多分両方でしょう。ＵＦＯ堂という山に、よく連れて行ってくれました。大きくなって「遊歩道」だったと知りました。八代は柑橘類の産地なので、みかん畑が綺麗でした。畳の原料のイグサの産地でもあります。八代市で一番好きなのは球磨川です。きれいな川です。水が綺麗というより、品格がある川のような気がします。大体、外出は家族ですることが多かったです。

ただ、父は短気で母は愚痴っぽい人だったので、よく外出先でも喧嘩をしていました。子供心にそれはとても悲しかったし、心を痛めたものです。と言っても、結局は仲はいいのでしょう。今でも帰省すると、母から物凄い量の（父に対する）愚痴を聞かされますが、両親が二人でいる時は、他愛ないことをペラペラ呆れるほどよく喋ります。今になると、心配するだけ損だし、子供の頃、あんなにした心配も、結局は意味のないことだったと思います。

僕は何故か分かりませんが、幼少時代、学校の先生にひいきにされた気がします。主におばさん先生に。おばさん受けする子供だったのでしょうか？

幼稚園で、粘土でワニを作ったら、何故か市の展覧会に出展されました。「背中のイボイボが

良くできていた」そうです。写真のアルバムに、小さく名前が載った新聞の切抜きが残っています。これで美的センスがあると思われたのか、幼稚園の講堂の壁に貼るから、でっかい画用紙に絵を描きなさいと言われました。我ながら不思議がりながらも一生懸命、ダイナミックに下手くそな鶏の絵を描いた記憶があります。殆どピカソの絵だったので、先生方の評価は賛否両論だったようですが、約束どおり講堂の壁に貼られました。今はもうないでしょう。基本的に、絵を書く時はロケットや戦艦やゼロ戦の絵ばかり描いていたのを覚えています。今は芸術的センスの欠片もありません。あの時、燃え尽きたのでしょうか。

僕の誕生日は一月一七日です。クリスマスと、お年玉と、お誕生日プレゼントがほぼ同時期にあるので、他の期間の盛り上がりに欠けるような気がしていました。一緒にまとめられてしまう人もいたでしょうが、それぞれ別々に貰えていたので、感謝はするべきでしょう。サンタはいつまで信じていたのかな？　覚えていません。

誕生日は、好きな玩具を一つ買ってもらえました。毎年、今年は何にしようか悩みに悩んで買ってもらうのですが、何故か、家に持って帰ると「あ〜、やっぱりあっちのほうが良かったかなぁ」と思うことが多くて、少しブルーになったものです。親の手前「わ〜い」とか言って喜んで遊んではいましたが。今になってみると、隣の芝生は青く見えるからだ、とか、華やかな玩具売り場にあると、数倍魅力的に見えるからだと思えますが。当時は不思議で不思議で、そんな（折角買ってもらったのに、ブルーになっている）自分に罪悪感すら感じていました。皆、子供の頃って、そうなのでしょうか？

何時だったか覚えていませんが、子供の頃、凄くビックリしたのは「嘘も、上手くつくとバレないもんだ」ということを知ったことでした。「自分が心の中で考えていることを、他の人は知ることができない」ということが分かった時の驚きは、今でもよく覚えています。それで一時期、よく嘘をつく子供だとレッテルを貼られそうになったこともありました。しかし、やはり嘘はつくものではないです。魂が汚れるということは大きくなってから、やっと分かりました。

## 無理に権威づけすると、凄まじい反発心を持つ

僕は何故か、着飾ったり、おしゃれをすることが物凄く苦手ですし、嫌いです。卒園式や入学式とかで、きちんとしたブレザーのようなものを着せられるのに、とても反発した覚えがあります。今考えると、母には悪かったと思います。小さい頃、女の子と見間違われることがあって、それが凄く嫌だったから、そういうことが嫌いになったのかもしれません。父親も「服は着れればいい」という考え方なので、その影響もあるのかもしれません。はっきり言って、僕も同意見です。服は着れればいい。字は読めればいい。結局、自分が興味のないことは、どうでもいいという考えです。僕を知っている人は「大賀さんは服装に無頓着だなぁ」と思っているかもしれま

せんが、うちの父は、僕の軽く三倍は上を行きます。人目を気にする母をよく嘆かせます。葬儀にも父は平服で行きます。そこまでいくと、無頓着とはちょっと違うと思いますが。

お化粧も、やはり苦手です。小さい頃、母がお化粧をするのも、あまり好きではありませんでした。これも今思うと、母には悪かったと思います。どうも「飾った」ものに、凄く違和感があるようです。似たことかもしれませんが、無理に権威づけしてくるものには、凄まじい反発心を僕は持ちます。単なるアマノジャクなのでしょう。「カッコつけないことが、カッコいい」と思っているだけなのかもしれません。

小学生に上がって少し覚えているのは、兄が入っていたので僕も陸上部（クラブ？）に入って、週に何回か短距離を何度もひたすら走っていた気がします。確か四人ほどで走っていて、僕はいつも二番。時々、一番になったりすると、「お前は、今、フライングしたからドベな」と他の三人に言われるという、まあ、いじめられっ子みたいなものでした。

## ひかりだま

僕が子供の頃、八代にあった唯一（かな？）のスーパーがニチイです。僕にとってはデパートでした。小さい頃、八代城跡から「ニチイ」の看板が見えた時、親が「あれな〜んだ？」と訊いてきて、僕も兄もカタカナが読めない頃か、「う〜ん、なんだろう」と考えていたら、親が「ニチイだよ」と言ったので、「わ〜い！」と二人で走り出したのを覚えています。

玩具売り場までエスカレータで上がるのですが、僕らはエスカレータを走って上がっても両親はずっと立ったままで上がってくるのがじれったく、「うんしょ、うんしょ」とエスカレータのベルトを早回しするように手で引っ張っていたのも懐かしく思い出します。我ながら健気でした。

ひかりだまは、僕の職人気質がこの頃から現れていたことを示すものかもしれません。「ひかりだま」とは僕らだけの通称だったのかもしれませんが、土を水を使って固めた球です。作り方は、やや粘土状の土で芯を作り、水に濡らして乾いた細かい砂をまぶし手で固め、また水に濡らしての繰り返しです。次の日に持ち越す時は、乾いた砂で山を作って、その中に保存します。

母親は「そんな泥団子作って！」と嫌がっていましたが、僕にとっては芸術でした。球の表面は所々キラキラ光るものがあって綺麗だし、気合を入れて作ったそれは、何と言うか、とても神々しいのです。大き過ぎても小さ過ぎても駄目で、歪んでいても駄目です。気品のある真円を目指します。最も必要なのは「硬さ」です。それは、戦い（?）に使います。A君は自分のひかりだまを地面に置いて、B君は自分のひかりだまを、それに上からぶつけます。壊れなかったら今度はB君が地面において、A君がぶつけます。全壊した方が負けです。

僕のは気合を入れて作っていたので、かなり強かったのです。しかし、それが悔しいのか、石を入れたひかりだまを持ってくる馬鹿野郎がいました。いくら僕のでも、石が入っているのにぶつかると壊れます。僕はひかりだまは一週間くらいかけて、丹精込めて（って程ではないけど）作るのです。だから、そんなことをする人間は、本当に理解できませんでした。

社宅の近くに製紙工場があって、とにかく臭かったのです。自分の父親たちが働いているので、あんまりどうのこうの言えませんが。・・・というより、母親が「臭い臭い」と愚痴を言っていたのが、嫌だったのだと思います。道路の上に太いパイプが通っていて、そこからいつも「バリバリ」という音が鳴っていました。友達が「あそこは電気が稲妻みたいに通ってるんだぜ」と言っていて、僕は「そんなことあるわけないなぁ」と思いながらも、本当に稲妻っぽい音だったので何も言えませんでした。大きくなって、そこは「チップ」（細かく砕いた木のカケラ）が運ばれていたことを知りました。

僕は、この頃、物凄く屁理屈をこねる子供でした。自分ではアニメの『一休さん』を見習っているつもりだったのですが、回りからみると、とんでもない奴ですね。我ながら情けないです。

父が物凄い短気なので、受け継いだのか僕も短気でした。小さい頃「おでこが狭いね〜」と母によく言われました。「おでこが狭い人は、気も短い」と。母も僕の短気を心配していたようですが（というより、何でも心配するところもあるのですが）、高校か大学時代くらいから少しは気も長くなり、おでこも人並みに広くなった気がします。僕が短気に見えないと言う人もいますが、見抜く人はこっちがビックリするほど見抜きます。自分でも「自分が短気である」ということは、あまり好きではない事柄なのです。しかし、格闘技をやる上では、このくらいの短気はエネルギーとして必要なのではないかと最近気付いたので、しょうがないかと思うようになりました。でも本当に腹を立てない、できた人になりたいと思います。理想が高すぎるのでしょうか。

小さい頃は、とにかく勝負事で負けるのが大嫌いでした。負けたら勝つまでやらせてもらったり怒ったりするので、誰も僕と将棋とかトランプとかをやってくれなくなりました。今は負けるのが嫌だから、ジャンケンもあまりしたくないです。何か我ながら、今の自分の「勝負観」って歪んでいるのではないかと思います。ある程度、ちゃんとしたものにしないとスポーツ競技で結果を出し辛いかもしれません。

## 子供向け柔術師養成ゲーム

小学二年生になると同時に父の転勤に伴い、熊本県八代市から東京都武蔵野市に引っ越しました。幼馴染の女の子とも、ここでお別れでした。住まいは、同じく社宅です。田舎者で言葉が訛っていたからか、僕のパーソナリティのせいか分かりませんが、いきなりいじめに合ったのには困りました。友人もできない、つまらない東京での生活でしたが、まあ、いいことも幾つかありました。

「うんてい」って分かりますか？　ぶら下がって移動するやつです。これがうちのクラスだけ流行っていました。昼休みに二組に分かれて、うんていの端と端に陣取って、両側から一人ずつうんていにぶら下がって敵陣に向かいます。出会ったら足を利かせて相手の胴を絡んではさみ、「参った」と言ったら胴がらみを離します。参った方は地面に降りて、また陣地に戻り、勝った方は敵陣に向かって進み、新たな敵と戦います。誰かが敵陣に着いた方が勝ちという遊びです。今から見ると、鉄棒にぶら下がる腕のひきつけといい、足の利かせ方といい、子供向け柔術師養成ゲームみたいなものでした。それで僕は、このゲームは滅法強かったのです。無敗を誇っていました。やはり、寝技の素質があったのかもしれません。

東京にいたのは一年間で、このゲームも一年しかしませんでしたが、このお陰で腕で物を引き付ける力は強くなったし、足の器用さも養えたと信じています。やはり、東京に行ってて良かったのでしょう。運命は奇なものです

この頃の趣味は切手集めでした。何故か始めましたが、この情熱は一年で終わりました。でも、今でも封筒が来ると、切手の部分を切り抜きたい衝動に駆られます。この頃から、自転車で少し遠出をしていました。と言っても小学二年生ですから、二㎞離れた三鷹駅や吉祥寺にも一人では行けませんでしたが。この趣味は、今でも少しは続いているようです。

この時代の東京の思い出は、車掌さんの真似を一日中している人とか、何か喋りながら電車の中を行ったり来たりしている人がいたことです。子供の頃、この人たちを見て凄く怖かったと言

うか、気の毒だと言うか。何でこの人たちはこんな風になってしまって、僕は一応まともに過ごせていて申し訳ないと心を痛めていました。地方に行くと、あまりこのような人はいないので、意識にのぼることはないまま過ごしていたのですが。

## 基本的に幸せだった名古屋時代

小学三年生に上がる時に、東京から名古屋に引っ越しました。名古屋時代は、基本的に幸せでした。東京からの転校生ということで、一目置かれたのか何か分かりませんが、結構友達もいた気がします。住んでいた団地は丘の上で、眺めも物凄く良かったし、空き地で昆虫や枯れ草で遊んだり、近くのドライアイス工場から時々貰えたドライアイスで遊んだり。近くに川はあるし、池はあるしで釣りも好き放題にできたし、今ふと思い返すと、小学三〜五年生の三年間でしたが、なかなかいい時期を過ごせたと思います。釣りは東京時代から小学五年生まで続きましたが、それからはパタッとやっていないです。相模湖で三〇cmほどのニゴイを釣ったのが一番の大物だったかもしれません。

この頃から、少しずつ一人旅を始めます。初めに覚えているのは、確か兄と(一人旅ではないですね)、団地の近くからバスに乗って、星が丘という三kmほど離れた大きな町に行ったことです。たったそれだけのことなのに、物凄く緊張していたことを覚えています。それから、何故か、一人で福岡の実家に行きました。何でそんなことをやりたいと言ったのか分かりませんが、両親もよくさせてくれたと思います。父と名古屋駅まで行って新幹線に乗せてもらって、博多に着いたら祖父が迎えに来ていたので、今考えると僕がやったのは名古屋から博多まで新幹線の中にいたということだけなのですが。

初恋のところでも書きましたが、一人で北海道の知人を訪ねるという、これも今考えると、よくさせてくれたという感じです。知多半島の半田市に住んでいたおじとおばの所にも名鉄でよく一人で行っていたし、我ながら何とも迷惑な子供でした。

小学五年の頃には放課後、夕飯までの時間、暇だったらバスに乗って、栄（名古屋一の繁華街）まで行って、一人でブラブラしていました。距離は六㎞くらいで、小学生だから往復一二〇円で行けました。しかし、親にバレたら相当怒られただろうと思います。下手したら補導ものかもしれません。脱サラをする二八歳まで色んな所を旅行したから、やはり旅行好きは僕の特性の一つなのだと思います。基本的に一人で行動する、ということも。

東京に住んでいた頃から釣りが好きになったのですが、名古屋に行ってからは近くに釣り道具屋さんはあるし、川（香流川・矢田川）はあるし、池（猫が洞池）はあるしで、かなり熱中していました。一番、魚が沢山釣れたのは、渥美半島の先端の伊良湖岬です。本当に面白いくらい釣れて物凄く楽しかったです。しかし、名古屋からは車で一〇〇㎞くらいあります。時々ですが連れて行ってくれた父には感謝です。夏とか、海水浴客で物凄く渋滞していたし。今は、パッタリ釣りはしていないです。あの熱意は何だったのだろうと自分でも思います。

他にも熱中しては、しなくなるという趣味が何個かあったので「自分は飽きっぽいのかなぁ」と思っていた時期がありましたが、寝技は飽きません。しかし、歳をとったら飽きないと、身体がもたないと思います。

## 寝技はしつこいと褒められるので、素晴らしい競技だ！

僕は、「淡々」とか「飄々」としているとか言われますし、まあ自分も大体、そう振舞っていると思います。でも、「しつこい」ところもあります。「せっかち」なところもあります。前にも書きましたが「短気」なところもあります。「しつこい」のは小学一年生くらいまでだったと思いますが、人と争いごとになったら、ずっと相手の服を掴んで離さなかったことをおぼろげに覚えています。「服が伸びるから離せ〜！」と、その度に言われていました。それでか「服が伸びる」という言葉は、今でもあまり好きではありません。しつこい人って嫌われるから、少し大きくなってからは、しつこい面は殆ど外には出さなくなっていると思います。でも、寝技はいくらでもしつこくやっていいし、しつこくやっていると褒められるので「なんて素晴らしい競技だ！」と、始めた頃は嬉しかったのを覚えています。

「せっかち」なのは、未だにです。僕は車の運転はあまり好きではないので、ハンドルを握っても性格は変わりませんが、自転車のグリップを握ると、かなり性格が変わります。進路を少し邪魔されるだけで、「なにグズグズしてんだよ、このボケ！」と心の中で思います。何度思っているか分かりません。自転車を降りると「ああ、またあんなこと思っちゃった」と反省するのですが、全然活かされることはありません。なるべく歳と共に丸くなりたいのですが。以前、短気な父に「歳をとって、自分は我ながら丸くなったと思う？」と訊いたら、「いや、余計短くなったんじゃないかな」と言われたので、一層頑張らねばと思いました。自分の中にそういう面があるのはしょうがないので、いい風に活かしていけばいいのですけど。

僕にとって寝技は好きなことの最大なものの一つですが、それをやっている時って、我ながら感心するほど自分の性格のいい面が表に出るのです。好きなことをやっている時の自分と嫌いなことをやっている時の自分は、本当にこれは同じ人間かと思うほど、いい人度合いが違うと思います。自転車に乗るのは嫌いではないのですが、何故かエゴが出るのです。寝技をしている時の僕は、天使のようにいい人だと自分では思っています。結局、何が言いたいかといえば、そんなことを職業にできている今の僕は、何と幸せだろうかということです。

## 『豊臣秀吉』という本を読んでから読書好きになった

小学生の名古屋に居た頃、地域について習いました。名古屋や愛知の地理や歴史など。だから名古屋や愛知については色々知っているし、未だに愛着があります。弥富町は金魚が名物とか、豊橋はみかんが名産とか、木曽三川ゼロメートル地帯とか、常滑焼とか。織田・豊臣・徳川はもちろん、名古屋港埋め立ての歴史とか。それまでに住んだ八代・武蔵野・太宰府・鹿児島・調布も好きなのですが、どうも地理や歴史などを知っていないから、何かじれったく、ちゃんと知れていない気がします。それでは、勉強すればいいではないかと思うけど、本をパラパラ読んでも、全く頭に入りません。五分もすれば忘れてしまう感じです。やはり、あまり自分に必要ではないこと、軽い興味なんかでは記憶力というのは働かないのでしょう。そう考えると学校のテストというのは、やはり大事だということが分かります。

この頃、確か『豊臣秀吉』という本を読んでから、読書好きになったのだと思います。それ以前から本は嫌いではなかったのですが、面白い本となかなか巡り合わず、釣りとか自転車の本とかの実用書くらいしか読んでいなかった気がします。基本的に軽い本ばかりで、難しい本とかは読みません。

僕の読書のやり方は、とにかくスピード優先です。途中から意味が分からなくなっても、とにかく読んでしまいます。だから登場人物が多かったり、筋が入り組んでいるものは、はなから駄目です。あと、怖いのも駄目です。基本的に僕はそんなに賢い方ではなく、「一〇を聞いて、二を知る」くらいではないかと思います。それを悲しんでもしょうがないので、「一を聞いて、一〇を知る」ような人と対等にやっていくには、その人より五〇倍のものを見聞きすればいいわけです。こんなことを思うようになったのは、高校か大学生の頃からだったと思います。取り敢えず、この頃は歴史物とか『それいけズッコケ三人組』とかを読んでいたと思います。

この頃、熱中した趣味の一つに電子工作があります。何故始めたのかよく覚えていませんが、父が『子供の科学』という雑誌を買ってきてくれ、影響を受けました。半田ごてを使って、ラジオとかお風呂ブザー（満水になったらブザーが鳴るやつ）とかを組み立てていました。紙飛行機づくりとか、ハム無線とかに興味を持ちました。年齢が低かったことと、続かなかったってことは、結局は本当に自分に向いたことではなかったのでしょう。でも子供の頃、科学に興味を持ったことは良かったと思います。一応、ラジオの原理とか分かりますから。この趣味は小学六年生の頃、一人で工業高校に行って試験を受けて電気音響技能検定四級を取った後、パソコンに取って代わられ終わりを告げます。（・・・改めて書くと、変な小学生ですね。可愛くない）。

この頃、ゼロ戦の本を読んで、太平洋戦争についてのこともかなり興味を持つようになりました。漫画『紫電改のタカ』なんかも、図書館にあったので何度も読みました。『はだしのゲン』もあったので読みましたが、今思うと、あれは読むものではないですね。何であんな本、図書館に置いていたのだろう。

飛行機や戦艦や戦車のプラモデルもよく作っていました。理想としては、綺麗に色も塗って、シールも歪まずに貼って・・・としたかったのですが、その辺のマメさは無かったのです。でも、組み立てはきちんとしていました。部品を余らす人とかいるみたいですけど。ラジコンもかなり欲しがったことを覚えていますが、これは、今思うと小学生には高価すぎます。プラモデルの対象は、小六になったらガンダムに移って行きます。

お城とか古戦場とかも何か好きでした。色んな所に連れて行ってもらった記憶があります。お城は、特に兄が何故か好きでした。小さい頃、名古屋城には何度も行きましたが、お金を入れて視る望遠鏡があったのですが、一台、お金を入れないでも視られるのがあったのです。

戦争物が好きなのは、男の子なら多かれ少なかれ、そういうところがあるのでしょうか。迷彩服みたいなのを着ようとは思いませんけど、太平洋戦争関係の本は、何となく今でも興味があります。『昭和二十年』という全一〇巻のかなり読み応えのある本も読みました。

## 「いつか自分も死ぬ」と考えて夜が来るのが怖くなった

この頃からゲームセンターによく行っていました。小学生だけで行ってはいけなかったので、知られたら母親に怒られていました。（幸い、補導はされませんでしたが）。ゲームセンター通いは、大学に入る頃まで続きます。パックマンとかギャラクシアンとかゼビウスとか・・。貴重な時間やお金を（特に高校生の頃）無駄に使ってしまったと思います。それはそれで必要だったと思うので、しょうがないですが。

大学で柔道を始めたら、あまり行く気がなくなりました。持って行き場の無いエネルギーを、ゲームセンターで発散させていたのかもしれません。今現在は、ゲームに全く興味が無いので助かります。あの時十二分にやり尽くしたお陰かもしれません。今やっていたら時間が足りません。因みに中学生の頃は、「プロレスラーになれなければ、ナムコに就職するんだ」と思っていました。

ある夜、ベッドの中で（兄弟で二段ベッドでした）「織田信長は“人間五十年〜”って舞が好きだったって本に書いてあったなぁ。死んじゃって可愛そうだなぁ。え？　あれ？　ひょっとして、自分もいつか死ぬの？　僕も人間だから死んじゃうんだ！　え〜そんな！　助けて！　お父さん、お母さん・・・って、お父さんもお母さんもいつかは死んじゃうの？　誰も助けてくれないの？」ということに気が付いてしまい、「え〜ん、え〜ん、怖いよ〜怖いよ〜」と泣いてしまいました。上で寝ていた兄が、「どこか痛いの？」と聞いてきたので、「だって、だって、僕もいつか死んじゃうんでしょ？」と言うと、「馬鹿なこと言ってないで、さっさと寝ろ」と言われたので、また泣いてしまいました。怒られたせいではなく、言葉の感じとして、兄も少しはそれが心配事であるように感じられたからです。

それからは、夜が来るのが怖くてしょうがなかったです。毎晩毎晩、「いつか自分も死ぬんだ〜」と考えてしまうようになってしまいました（泣いたのは初めの時だけでしたが）。これは高校二年生の頃まで続きました。普通の人って、こんなことは無いのでしょうか？

昼の、太陽がある時間は、そんなことは考えなかったのですけど。人に相談とかすれば良かったのかもしれませんし、したのかもしれませんが、自分にとって納得のいく答えは得られなかったのだろうと思います。ということから、若干、宗教とか精神世界とか心理学とか哲学とかに興味を持つ人間になっていきます。というか、もともとそうだったから、こんなことで悩んだのだと思いますけど。

父は、団地からバスと地下鉄で通勤をしていました。父が早く帰ってくると分かっている時は、一人で五〜一〇分歩いて、バス停まで父を迎えに行ったりもしました。何ででしょうかね、そういうことをするものだと、自然に思っていたところもあります。『サザエさん』の影響でしょうか。そういうことをしたりすると、父も嬉しかったのでしょうけど。帰りがけ、何か買ってくれようとしたり、お小遣いをくれようとしたりしたので、兄との兼ね合いに問題が起きかねなかったです。自分はやりたくてやっているのに、打算だと受け取られるのは、物凄く嫌でした。（そうとしか受け取らない人もいますよね）。でも、口では「お父さんを迎えに行くとその間は母から、勉強しろって言われなくて済むから行っているだけだよ」と言ってしまうような、本当に可愛げらない子供でした。父も戸惑っていたのかもしれません。申し訳なかったです。子供のことだから、ある程度は分かっていたでしょう。

## プロレスが好きになる

小学六年生になる時、名古屋から福岡県太宰府市に引っ越しました。二年上の兄の高校受験があるので、母と兄とで父の両親が住んでいた、父の実家に引っ越したのです。（父はそのまま名古屋で勤務です。父の単身赴任はそれから、一〇年くらいは続いたのだと思います）。

引っ越した先の小学校ではプロレスが流行っていました。「あ〜、やっぱ田舎だなぁ」とバカにしていたのですが、ある日、僕も見てみました。金曜八時、朝日の新日本です。タイガーマスク、藤波、猪木を観て、すっかり心を奪われてしまいました。バカだから真剣勝負だと思っていましたし。

ということで、今まで全く、格闘技と何の関係も無かった色白で、やせていて、大人しくて気の弱い僕が大きな転機を迎えることになったのです。プロレスが大好きになって、実際に観に行くようにもなりました。（新日のみ）。福岡には、年に三回くらい来ていたような気がします。行ったらパンフとかも買っていました。また、中学生になり、古本屋さんとかを巡るようになると、そこには時々、昔のプロレスのパンフがありました。

ある時、それで手に入れたパンフに、「藤原喜明の関節技」が載っていました。見よう見真似で、友達に試してみました。今考えると、腕がらみ（キムラ）です。

・体重を胸に乗っける　とか

・相手の腕をねじりあげる　とか

今思うと、なかなかいいポイントを指摘してあったような気がします。何となく、友達より自分は上手にできているような感覚でした。畳の部屋で、丸めた布団にジャーマンとかブレンバスターをするのも楽しかったですが、友人と抑え込みごっこをするのはもっと楽しかったです。（関節や絞めはエキサイトしてしまうので、なし）。今思うと……今も変わりませんね。

# 第二章　柔道部〜社会人・柔術着手

## 九州大学柔道部に入部

僕は一九八九年四月に九州大学に入学しました。平成元年なので、かなり覚えやすいです。あの頃は一八歳だと思うと、気が遠くなりそうです。

北海道にとてつもない憧れを抱いていたので、本当は北大に行きたかったし、友人の影響か、防衛大学も選択肢としてはあったのですが、家庭の事情で地元の大学に進学です。大学では、とにかく柔道部に入ろうと思っていました。

高校の頃、町道場で空手をやっていたので、そこの師範からは、「そんな今から柔道なんかやっても、ぼろ雑巾みたいにバチバチ投げられるだけだから、やめとけ。空手をしていた方がいいぞ」とか言われたのですが、何故か「俺は柔道部だ」と思っていました。『1・2の三四郎』とか『柔道部物語』『帯をギュッとね！』などのマンガの影響だったのでしょうか？

中学や高校時代に、授業で柔道があったのですが、それはとてつもなく大好きな時間でした。ずっと背が低かったし、何となく怖かったので、柔道部に入らなかったのですが、高校時代に背は伸びたので（やせたままですが）、「やっと、柔道部に入れる！」という期待というか喜びが大きかったのでしょう。

一日も早く柔道をしたかった僕は、部活の新入生向けガイダンスがある前に、一人で練習を見学に行っています。見学と言っても、入る気まんまんなのですが、何となく照れくさかったので、柔道着は持たずに。しかも、柔道部は、月曜〜水曜は貝塚キャンパスという、新入生のキャンパスから一〇㎞ほど離れたところで練習をしているのですが、そっちに行った記憶があります。（木曜〜土曜は新入生の六本松キャンパスに集まって練習）。行ったら驚かれました。経験も無いやせた初心者が、ガイダンスの前にわざわざ遠いキャンパスまで見学にやって来たわけですから。

その頃、高専柔道や七帝柔道は全く知りませんでした。練習を見ていると、乱取り中にみんな寝転がって延々と寝技をしています。怪我で練習を見学していた先輩が、「うちの柔道はこんな風に、寝技中心だから・・」と、やや恥ずかしそうに言いました。

柔術で寝技好きな方はどう思われるか分かりませんが、高校で投げ技中心の柔道をやっていた人は、寝技中心の柔道を見ると、「こんなの柔道じゃねぇ！」と拒否反応を示すからです。そして、その通り、ある意味、寝技は柔道で本流ではないのです。しかし、私はその練習を見て、心の中で、「やったー　こんなことを俺はしたかったんだぁ！」と思っていました。

結局この日は、多分、道衣を貸してくれて、受身して、乱取り（軽く遊んでくれたようなものですが）して、飲みに連れて行かれました（一八歳なのに）。「今日は特別だから、つまみありだけど、いつもはこんなんじゃないからな」と先輩達に言われましたが、殆どお酒も飲まず、初めて居酒屋に行った身としては、何のことか分かりませんでしたが、次の日には色々分かることになります。

## 角打ち

僕は大学に入るまでお酒は全く飲まなかったのですが、柔道部に入ると練習後に、お酒を飲まされます。角打ち（「かくうち」と読みます）といって、酒屋で立ったまま飲まされます。「角打ち」は知らない方も多いですが、要は酒屋さんで立ったまま飲むことです。昔の小説には、この言葉が時々出てきます。

練習後、部員が近くの酒屋さんにゾロゾロ入って行き、先輩がビールを注文し、全員、つまみも無しで、ひたすら飲み続けます。先輩が「ほら、飲め」と言うと、後輩はもちろんジョッキを空けなければなりません。そんなに飲み続けられる筈はなく、後輩は、飲んではトイレで吐き、飲んではトイレで吐くという繰り返しです。面白いもので、つまみが胃に無いので、すっきり吐けます。（汚い話ですみません）。要領の良い悪いはあるにしろ、後輩は大体ベロンベロンになり、運が悪かったり、ペース配分を間違えると、潰れることになります。

生き残った部員だけ、先輩に連れられて、定食屋さんに行って、飯が食えます。（僕は就職するまで、これが普通の飲み会だと思っていました）。こんなことが、二週間に三回ほどあります。当時は、いったい何なのだろう、という思いで一杯でしたが、今になってみると、懐かしくてたまらない思い出になっていることは確かです。

下級生の頃は、単なる拷問ですが、上級生になると、これが何とも言えない楽しい行事になります。実際、僕は、あの角打ち以上に楽しい酒の席は、未だかつて体験したことがありません。新入部員が入ったり、何かあった時は必ず行きますし、何も無くても、二週間に三回は行っていました。賛否両論でしょうし、色々な考え方がありますが、九大柔道部の殆どの人間は「よ〜し、今日は角打ち行くぞ」という言葉を、脳内で思い出す時、とてつもない郷愁に近い感情を覚えると思います。お陰で、僕はビールの二〜三Lは平気で飲めるようになったのですが、最近、全然飲めなくなりました。もう、あの頃に、一生分飲んだのかもしれません。（今は、角打ちができる酒屋さんが無くなって、学生は角打ちには行っていないようです）。

## 性格形成上、最大の影響を与えた平山君

僕が入部した次の日か数日後、平山君という同期が入部してきました。彼は長崎県中量級二位で、内股が切れたので、その日、練習に来ていた先輩全員を内股で投げ飛ばし「こりゃまた、何て弱い柔道部だ！」と思ったそうです。（当時、部内最強の主将は、この日はお休みでした）。彼は大学時代、僕の性格形成上、最大の影響を与えます。とにかく豪快な言動（性格は豪快かつ繊細でしたが）によって。比較的、真面目で大人しいだけだった僕に「あ〜、こんな性格で生きていってもいいんだ！」と思わせてくれ、その方面に開花させてくれた人です。

彼は、長崎の五島列島（本州の人には分からないかも知れませんが）出身で、実家は運送業を

経営して、四人男ばかりの兄弟の三男坊です。超肥満児で、お相撲さんになろうと思っていたら、そこまでは大きくならなくて、柔道を始めるようになったそうです。柔道も強くて頭も良くて、高校時代から長崎市内の進学校に下宿したりしていたので、とても大人っぽかったのです。顔も僕ほどではなかったのですが、まあまあですし、キップが良かった。本当に、彼と大学時代に接していなかったら、今の僕の性格は無かったでしょう。

しかし、四年後、彼が僕に「う〜ん、何て言うかな、お前は悪いやつではもちろん無いんやけど‥‥常識を逸脱しとるぞ」と言った時は、「お前に言われるとは」と、ビックリもしましたが、彼を超えた（？）のかなと、ちょっと嬉しかったのを覚えています。

ということで、僕の柔道部員生活が始まりました。

月曜〜水曜は貝塚キャンパスの道場で五時三〇分〜八時三〇分
木曜〜金曜は六本松キャンパスの道場で五時三〇分〜八時三〇分
土曜は六本松キャンパスの道場で午後一時〜午後四時（だったかな？　その後角打ち）の練習です。練習内容について書きます。

もう覚えていないので、部誌に載っている内容を書くと（でも、これは僕が現役時代のではないかも知れません。日付と曜日から、年を推測できるのでしょうが）、

？年　五月三日（火・祝）
準備体操　打ち込み１０×１０　乱取り6分×１２　固め技４０秒×５　技研　整理体操
六月七日（火）
準備体操　打ち込み１０×１０　乱取り6分×７　足抜き1分半×５　亀取り2分半×５
返し技の練習　技研　補強１３０ずつ　整理体操
六月一四日（火）
準備体操　打ち込み１０×１０　乱取り6分×６　亀取り2分半×５　固め技４０秒×５
小休止　もとだち　技研　補強　整理体操
何か少ない気がしますが・・。うろ覚えですけど、僕たちの代は
準備体操　打ち込み１０×１０　自由乱取り6分×５　寝技乱取り6分×５
亀取り2分半×５　足抜き2分半×５　固め技４０秒×５　技研か補強　整理体操
くらいやっていた気がします。
僕たちの学生時代の乱取り時間をざっくり出してみると
4年×３６５日/年×6/7（日曜は休み）×１時間＝１２５１時間。日数にすると、五二日。
二ヶ月弱です。

そんな練習時間ですが、僕がどんな練習をしていたかと言えば、僕の全乱取り時間を平均した

ら、1/3は後ろについて、絞めを狙っていて、1/3は足がらみ（柔術で言えばハーフガード）で守っていて、1/3はそれ以外、って感じだと思います。四一七時間だから約一七日間、絞める練習をしていたことになります。多いのか少ないのか分かりませんが、これだけやれば、ある程度は絞めが上手くなる、という目安にはなるかもしれません。

入部した僕は、初めから引き込んで寝技をしていた気がします。当時の九大には「立ち技限定の乱取り」の時間が無かったので、寝技がしたい人間は、初めから引き込んでも良かったのです。先輩方の反応としては、「おお、寝技が好きなら、うちの部に向いていていいなぁ。お互い好都合だ」、「なんじゃ、こいつ、寝技好きなんか？　馬鹿じゃなかろうか」、「お、こいつ引き込んでくるのか。まあ、立ち技をやっても強くなりそうもないから、勝手にやらせておこう」、こんな感じだったと思います。

僕としては、好きな寝技だけができて、万々歳だったのですが。時々は立ち技の練習を何となくしたくなったり、やらなければ駄目かなと思って、やってみることもあったのですが、寝技と違って、全然、もう、何していいのか分からなかったし、上手くなる感じもしなかったし、怪我もしそうだったし、ということで、殆ど立ち技の練習はやっていません。五年間で一〇分もしたかなぁ、っていう感じです。打ち込みはやっていましたが。

「立ち技が上手くなりたくはなかったのですか？」と今になってはよく訊かれますが、なれればなっていましたが、なれなかったし、なれる気もしなかったし、寝技は面白いし、やっていたら上達しそうな気がしていましたし。元々「柔道が強くなって、相手をバチバチぶん投げてやるぜ！」という動機で入部したのではないですから。では、何をしたくて入部したのでしょうか？そう言われると……自分でも良く分かりません。

当時、先輩には
四年生四人（高田・吉田・大森・堀地さん）
三年生四人（山下・大和・坂本・村上さん）
二年生五人（有田・石川・青砥・柴田・松本さん）
がいらっしゃいましたが、三年の村上さんが寝技ばかりをやっていたような気がします。

後に入ってくる後輩としては
一年下四人（永田・井村・末崎・ラルフ）
二年下四人（猿渡・新谷・井上雄・大倉）
三年下一二人（石川・井上徹・今井・永楽・高田・俵・長野・永畑・仲間・藤野・古川・和田）
がいるのですが、この中では二年下の新谷・大倉が寝技ばかりをやっていました。まあ、そのくらいの頻度では、そういう部員は出現する、といった感じです。

## 大学院試験の申込期限が過ぎていた！

話は飛びますが、四年の七帝が終わって北海道に行きました。例年通り、北海道を原付で回るためです。去年、原付は同期の北大主将の吉田君のところに置いていて、それに乗るつもりでしたが、原付は壊れていました。吉田君はすまながっていましたが、僕としては想定内でしたので、「そっかそっか、じゃあバイク屋さんで修理してもらえばいいや」という感じでした。冬の札幌は雪に埋もれて原付なんか乗れないので、野ざらしにしていたら、ちょっとは壊れているだろうという予想をしていたからです。バイク屋さんに原付を持って行きましたが、修理に四〜七日位かかった気がします。その間は、北大の同期のところに泊めてもらいました。吉田・中井・平野・土岐君のところだったと思います。北大の同期の飲み会（祝勝会のようなもの）にも何故か出て、ただ酒を飲んだりしていました。

数日後、バイク屋さんに電話をしたら、直っているとのことでした。（携帯がないから、こっちから電話するしかなかった。今から考えると隔世です）。嬉しくて興奮して吉田君に「バイク直ったって！　じゃあ俺、出かけるから!!」と言ったら、「あ〜そんな嬉しそうな大賀の顔を見たら、元気が出るなぁ。俺も頑張らなきゃ」ということを言っていたのを覚えています。そんな吉田君が、まさか二年後に亡くなってしまうとは、その頃は考えることもできませんでした。

北海道を回りながら、僕は最後の七帝で負けたのが悔しくてたまりませんでした。朝起きた時とか、日中とか、寝る前とか思い出す度に、もう一度七帝に出て優勝したいと思いました。しかし、僕はもう四年生になっていたし、この後は大学院に行くつもりでした。留年しようにも、それは難しい状況でしたし、気持ちの半分は整理が付いていました。このまま引退して卒業して、柔道部で得た貴重な経験を糧にして大学院に行って、会社に入って社会に出て頑張ろう。学生の援助もしよう。後輩に是非優勝してもらおう。何連覇もしてもらおう。一年生が十人以上いるし、有望なのもいるから、それは実現できるだろう、という気持ちが本当のところでした。

さて、それから不思議なことがあったのです。北海道の池田周辺にいた時でした。ずっと原付に乗って疲れたので、公園のようなところで休憩してアイスを食べていました。とても晴れていて、いい気持ちでいました。何処からか、平松愛理さんの『マイ セレナーデ』という歌が流れていました。その時、西の方（福岡の方）で「何か起きた！」、という予感がしたのです。けっこう大変なことが起きたような感じで、なんかドキドキしました。それと同時に何故かワクワクする気持ちがしてきました。

北海道から帰り、久しぶりに学校に行って、学科の掲示板を見ました。そこで、僕は愕然としました。なんと、大学院試験の申込期限が過ぎていたのです。あの予感は、このことだったのかもしれません。まず、単にビックリしました。「うわ〜！」と思いましたが、次の瞬間、「やった！これで来年しか大学院に行けないから、留年すればいい。そうすれば、また、七帝に出ることができる!!」と。教授のところに行って経過を説明したら、まあ、怒られること怒られること。人生であんなに怒られたことはありません。これからも無いことを祈ります。

何とか講座の教授や、家族の賛同を得られて、晴れて留年することになりました。一時は「取り敢えず卒業しておいて、どこか働き口があったら、直ぐにでも就職する」というコースに載せられそうだったのですが、「やっぱり新卒の方が就職しやすいだろう」ということで、留年できることになったのです。バブルもはじけていましたし。単位は全部取っていたので「卒論を書くけど、それを出さないでおく」という手段をとることになりました。だから、五年目は殆ど学校に行く必要もありません。大人しく教授に恭順していたことが功を奏したのでしょう。

## 広島大学との定期戦場で甲斐の訃報に接する

学部の講座の卒業前に飲み会があって、電車が無くなって帰れなくなった僕は、甲斐の部屋に泊めてもらいました。同期で唯一の自宅生だった僕は、飲み会とかがあって、帰れない時はよく同期の部屋に泊めてもらっていました。甲斐・平山・長崎・雪野、全員の部屋に泊まりました。平山の部屋が一番豪華（何故か留学生向けのアパート。有線も入っていた）だったので、よく泊めてもらっていたのですが、何故かこの時は甲斐の部屋に泊まりました。

彼は練習にも殆ど来ていなかったので、会うのは久しぶりでした。「何してるんだ、練習来いよ」と言ったら、「何か体調が悪い」と答えました。「何だ、年末からお前、そんなこと言ってるじゃないか」と言うと、「風邪が全然治らん」と言っていました。寝ながら色々しゃべりましたが、どうも彼は二留したみたいで（一留は既に決定していた）、親に悪いとか、自己嫌悪する、とか言っていました。彼は柔道が強いのはもちろんですが、人間的にも素晴らしくて、友達も多くて、僕から見ると大変羨ましい人間だったのですが、物事にこだわらないというか、物忘れの激しいところがあって、（何かあると彼は本気で謝っていたし、それも彼の憎めない魅力ではあったのですが）社会に出たら、こいつはどうするのだろう？　という感じがしていたことも事実です。（もちろん、出たら出たで、何とかなったと思うのですが）。

一応書いておくと、僕が彼に「練習に来いよ」と言ったのは、後輩を鍛えてやれ、お前だって強い先輩と練習して強くなったのだろ、ということであって、もっと練習して強くなって今度の七帝でもっと頑張れ、ということではありません。彼は次の七帝に出る気はあまりなかったし、僕も彼が出たくないのであればそれでいい、と思っていました。もちろん、七帝前には現役やOBは彼に出場してくれと頼むでしょうし、そうなると彼は出たかもしれませんが。ともあれ、僕が甲斐に会ってしゃべったのは、これが最後になりました。

三月一九日（日）に、広島大学との定期戦がありました。現役は新幹線で行き、僕ら同期は僕の実家の車で行くことにしていました。卒業間際なので、これが同期全員が集まってゆっくりできる最後の機会だろう、ということもあったのだと思います。（長崎は大学院への進学でしたが、平山と雪野は就職でした。僕と甲斐は留年です）。大学の体育館の前で、待ち合わせをしたのですが、甲斐が来ません。部屋に何度電話しても出ません。「何ばしとるっちゃろうか、あいつは。またどうせ忘れとるっちゃろう」とか言って、誰か部屋まで行ったのかな？　近くだったから。でも、居なかったのかな？　「よかよか、置いていけ」ということで、平山・長崎・雪野と僕で広島に向かって出発しました。三〇〇kmのけっこうな長旅です。しかし、ちょうどこの時、甲斐は病院で苦しんでいたのでした。後になって分かったことですが。

広島に着いて何かしたか、よく覚えていません。そのまま広大に行って、試合を見たような、どこかで昼飯くらい食べたような気もします。まず、講道館ルールでの試合がありました。一七人制で4対11の大差で九大が負けました。見ていて不甲斐なくてしょうがなかったので「しまったなぁ、俺も道衣を持って来れば良かったなぁ」と思っていました。（ひょっとしたら、九大に人数を合わせたから、こっちは一年生の弱い選手も出て、広大は人数が多いから、弱い選手が出なかった、という理由があったのかも知れませんが）。

講道館ルールの後は、七帝ルールの試合があります。その合間に、主務の井村が、福井部長に何か連絡していたのは視界に入っていました。福井部長が、僕を呼びました。「何なのだろう、何か良くない知らせっぽいな」、と近くに行くと、「甲斐が死んだそうだ」と言われました。

僕はとてもとても驚いたのですが、心のどこかでは、「ああ、そういうことも起こりえるだろうな、しかし、それにしても最悪の話だな」とか思っていたような気もします。確か、僕はその時「え・・・？　自分でですか？」と訊いたと思います。「いや、病気らしい」と部長は答えました。福井部長はお医者さんでしたので、病名とか僕に言ったのかも知れませんが、覚えていません。（七帝のＷＩＫＩには、福井先輩は脳神経外科の権威とあります）。僕は半分呆然としながら、半分何やら興奮しながら、同期を呼びました。玄関のところに移動しました。皆「なんやなんや、もう試合始まるぞ」と言いながら来ました。

僕が、「甲斐が死んだらしい」と言うと、平山が「自殺か!?」と言いました。僕は、「あら、やっぱ同じこと考えるんだな」と思いながら、「いや、病気らしい」と答えました。

皆で、しばらく呆然としていました。さて、これからどうしようかということについては、試合は一応最後まで見て福岡に帰ろう、ということになりました。会場に戻ると、井村がいました。多分、家族か学校から柔道部の主務の井村に第一報が入ったのだと思います。井村は怪我をしていて、立技は厳しいから講道館ルールの試合には出ないけど、七帝ルールの試合には出る、という予定でした。現役は井村だけこのことを知っていて、他の人間にはまだ知らせていませんでした。（試合後、知らせたそうです）。

「お前、出るの止めとけ、そんな精神状態で試合なんかして、また怪我したらどうするんか」

と僕は止めました。井村も頭が混乱していたと思いますが、「出ます、出ます」と言い張って、出ました。彼はもともと頑固なのですが、出身が甲斐と同じく熊本なので、余計に錯乱していたと思います。結局、広大の取り役を井村が止めました。僕は冷や冷やして見ていました。試合は、永田主将の一人残しで九大の勝ちでした。試合を見届けたら、僕達は一目散に福岡に向けて車で帰りました。「このまま、事故で死んじゃえば、甲斐に会えるのかな」とか言っていたような気がします。

呆然としながら、広島から三〇〇km運転して、福岡に戻りました。何か時々車がフラフラして、センターラインに近付いて行くような気がしました。ようやく福岡に着いて、貝塚にある九大の寮に行きました。ここには有田さんが住んでいます。有田さんに「甲斐が死んだそうですよ！」と言うと、先輩も驚いていました。「どうしたら良いですかねぇ」と訊いたら、「ちょっと、俺、今、『高校教師』って面白いドラマ見てて、今丁度良いところだから、ちょっと待ってて」と言われました。結構ビックリしましたが、まあそんなもんかと思って、同じく寮に住んでいた長崎の部屋で待っていました。運転で疲れたりしているから良かったと思います。

有田さんがやって来て、「とにかく、甲斐のご両親のところに行くのが良いんじゃないか？弔意を表しに。大賀と平山で行って来い」と言ったので、僕と平山は、また僕の車で甲斐のご実家に行くことになりました。甲斐の遺体もそこにあるのでしょう。

僕はヒマだったからいいけど、平山は次の日、デート（相手は後の奥さん。この時が初デートだったのかな？）だったのに、相手と連絡がなかなか取れずにヤキモキしていました。携帯も無かった頃ですから。うろ覚えですが、彼は「明日デートだから、お前一人で行ってくれんか」と僕に言ったかもしれません。僕は「ちょっと俺も頭とか全然動かんから、お前も来てくれんか」と答えたような気がします。まあ、そんな感じで、僕と平山は夜に、熊本に向かいました。一〇〇㎞の道のりです。

結局、広島から福岡に帰って直ぐに、僕と平山は熊本の甲斐のご実家に行きました。その日が通夜だったか、その次の日だったかはっきりしません。通夜の次の日に葬儀でしたが、先に火葬場に行きました。僕の父が熊本市の近くの八代というところに単身赴任をしていたので、僕と平山もそこに泊まって、甲斐の家に通いました。二泊三日か、三泊四日だったと思います。

火葬場で、最後の別れをする時に、彼の頬に触れて最後の別れをしたのですが、彼のほっぺたにあったそばかすを見て「今まで当たり前にあったし、ここに確かにあるのに、これから少しずつ忘れてしまうのだろう」と思いました。葬儀の最後に、柔道部員で部歌を歌ったのですが、葬儀の前とか進行中には僕は他の部員とご実家の方のパイプ役みたいになっていて、そっちに気を取られていました。部歌を歌い終わった時、何か責任を果したような気になって、気持ちが開放されて、やっとオイオイ泣いたことを思い出します。

部誌に、僕が書いた文章が掲載されていましたので、転載しておきます。

## 大好きだった甲斐へ

前九州大学柔道部副主将　大賀　幹夫

偉大な人はいるだけで光を放ち、まわりの人々の心を照らすという。そして、それが消えた時にはどうしようもないほどの暗い影を落とす。私にとって、まさに甲斐君はそういう人だったのだなと思う。

彼と話していると、とても楽しかった。彼は親切であたたかく、誰とでも仲良くなれた。彼の練習態度や試合における気迫は回りの者に勇気を与えた。私は彼と友達でいることがとても嬉しく、誇りさえ感じていた。これは感傷で言うのではなく、彼の生前から本当に感じていたことである。そして、年をとってもずっとこの付き合いは続いていくものと、あたり前のように考えていた。

それなのに、こんなにも早く二度と会えなくなってしまった。なんでよりによって甲斐が・・とさえ思い、悲しくて悔しくてたまらなかった。棺の中の冷たい頬に触れて最後の別れをした。遺影の中でいつも通りニコニコ笑っている彼を見ると涙が止まらなくなった。

甲斐、社会での活躍を始める前にこの世を去らねばならなかったのは、本当に無念だったろう。もっともっと生きていたかっただろう。そのことを考えると、身を切られるほど辛い。俺は何もしてやることができなかったのが本当に悔しい。

でも、もしここに甲斐が現れたらニコニコして「ま、そんなに悲しまんでいいけん、元気ださんね」と、きっと言うと思う。彼は我々が悲しむことを決して望まないだろう。

甲斐、本当に俺はお前が大好きだった。大学生活の貴重な四年間をお前みたいないい奴と柔道を通して親友になれたことを心から喜んで、感謝したい。暖かい思いやりを惜しみなく与えてくれてありがとう。楽しい思い出をたくさん残してくれてありがとう。一生忘れないだろう。人生は少し短かかったが、どこまでも純粋に生きて、多くの人の心の中に暖かい光を残すという素晴らしいことをやり遂げたのだから、安心して、ゆっくりとお眠り下さい。一緒に過ごした時は本当に楽しかったです。ありがとう。さようなら。

## 甲斐の骨をお釈迦様のお墓に

亡くなる日の夜中、猛烈に腹が痛くなった彼は、同じアパートに住んでいた柔道部の先輩の青砥さんに頼んで、救急車を呼んでもらったそうです。急性膵臓炎だったそうで、膵臓の消化液は強力だから、それが漏れたら内臓が溶けて物凄く痛いそうです。我慢強くて、ずっと体調不良を我慢していたのが裏目に出たのかもしれません。太っていたから糖尿もあったのかもという意見も人から聞きましたが、それはよく分かりません。

急を受けて、お父さんだけ病院に駆けつけたそうです。結局、甲斐は手遅れで、そのまま亡くなってしまうのですが、彼の最期の言葉は、「僕はお父さんを尊敬しています」だったそうです。それを聞いた時、僕は信じられませんでした。何故、そんな状況で、そんなことが言えるのでしょうか。彼はその時、まだ二二歳です。僕は未だに、そんなことを言えるような人間になっていません。情けない限りです。葬儀には名大の舘野と阪大の松健も来てくれました。ありがとう。

彼の部屋を片付けて引き払うので、彼のお父さんがいらっしゃいました。柔道部の井村と永田と末崎と僕も手伝ったと思います。何か必要なものがあれば、是非引き取って欲しい、と言われましたので、僕は、彼がいつも着ていた皮のジャンパーと黒のトレーナーと赤い柄の長袖の上着を貰いました。

彼はカブに乗っていたのですが、あれはどうなったのだろう？　僕も貰いたかったけど、柔道部の後輩にやったのかもしれませんが、覚えていません。彼の遺品の服は、ずっと気に入って着ていました。赤い柄の上着は会社員時代、確か富士山に登りに行った時だったと思います。柔道部の後輩の井上（徹）が名古屋に住んでいたので、彼のところに泊まり、夜飲みに行った時に酔っ払いに絡まれて破かれてしまいました。（まあ、その酔っ払いも、お父さんが亡くなって酩酊していたようなので、しょうがないですが）。

ジャンバーは、上京して物干しに吊るしていたら、カビが生えてしまいました。それでも何年か頑張って着ていたのですが、あまりにもカビが増えてしまって、泣く泣く処分しました。何故これらのことを思い出したかといえば、先日、久しぶりに、彼の黒いトレーナーをタンスから見つけたからです。やはり、着ていない物の方が長持ちするのかも知れません。

遺品ってものではないけれど、焼き場で彼のお骨を拾っていた時、何故か僕は思わず、彼のお骨の一部を、こっそりポケットに入れてしまったのです。（当たり前だけど、お骨は熱くて、火傷しそうになってビックリしました。後で平山に「お前、骨取ったやろ、近くで見てた親戚の子供がビックリしてたぞ」と言われました）。彼のお骨は、しばらく僕の机の引き出しに入っていたのですが、どうしようかと考えた結果、七帝が終わった秋に、僕は初の海外旅行でインドに行ったのですが、その時に、お釈迦様のお墓のところに持って行って、埋めて来ました。余計なことだったのでしょうか？　まあ、彼は仏教徒だから良いでしょう。

## 左手小指が変に曲がった

甲斐のことも終わり、落ち着いた頃、僕も練習に参加しました。しかし、頭に血が上っていた僕は、そこで怪我をします。末崎と乱取りしている時に、僕が左手で相手の右ズボンを握っていました。相手が強引に足を引いて、それを切ろうとしたのだけど、僕が無理に離さなかったら、「ポキ」とかいって、左手小指が変な風に曲がっていました。

道場の近くの神戸整形外科（耳の血を抜くのもここでした）に行ったら、若い先生が「これで骨が入ったと思うんですが・・」とか言って、診察が終わりました。病院嫌いな僕は、その後、病院に行きませんでした。

二週間後、練習を見学していて、練習後、上野師範に連れられて、学生と角打ちに行ったのですが、そこで師範に指を見せて、「まだ曲がらないのですけど、もう二週間になるのでそろそろ練習を始めます」と言ったら、「お前、これ（骨が）入っとらんぞ」と言われました。

上野師範の知り合いの腕の良い整骨院に行ったら、グイグイ指を引っ張られました。その夜は指が腫れて熱が出て大変でしたが、それで関節が整復されたようでした。本当に良かった。あのままだったら、一体どうなっていたのでしょう？　指が完全に曲がるようになるまでには、その後数年かかりました。負傷した指は中途半端な回復でしたが、僕も練習に復帰しました。新入生も入って来ましたし。そういえば、結構可愛いマネージャーも入って来ました。しかし、個人的にはそれどころではなかったのです。

合宿にも参加しました。風呂に入りながら、きつくてきつくて堪らなくて、「何で五年生にもなって、こんな目に遭うのかなぁ、しかし、自分で決めたことだからなぁ」とか湯船で思っていたことをよく覚えています。幹部になっても全然強くならないと心配していた新四年生ですが、この頃から永田と井村は馬鹿みたいな強さになってきました。ちょっと気を抜くと僕もあっさり取られるので、毎回大変でした。

合宿の度に練習試合があって、永田と二回くらい当たりました。あいつと試合をするのは嫌でしょうがなかったのです。後であいつも、そういうことを言っていました。永田は抑え込みも上手くなったのですが、横絞めも上手くなっていて、一回練習で絞められました。しかし、二度と絞めさせませんでした。

ただ、一度、試合でガッチリ絞められそうになって、「このままじゃ落とされるじゃないか、くそぉ」と思ったら、不思議な力が出て、立って逃げられたので助かりました。やはり、ああいう力を大事な試合で、試合に勝つために出せるようにならなくてはいけないと思います。昔から、そう思っていました。

合宿中、甲斐のご両親が、馬刺しを差し入れて下さいました。打ち上げで食べたのですが、目茶目茶美味かったのです。僕とかが、ぼろ包丁で切ってあれだけ美味かったのですから、相当な品物だったのではないでしょうか。長野が食べながら「うお〜、甲斐先輩」と泣いていたのを思い出します。

僕と幹部で相談して「こんな良いものだから、打ち上げがすすんで酔っ払ったところで食べるのはもったいない。合宿はまた来週もあるから、大事に食べよう」ということになって、部室の冷凍庫に入れていたのですが、何と、次の合宿の打ち上げの時には腐っていました。冷凍庫がちゃんと働いていなかったようです。泣く泣く処分したのは、人生でも指折りで数えられる痛恨事の一つだと思います。甲斐のご両親にも申し訳なかった。

## こんなことして、何になるのだろう

七帝は七月だったので、四・五・六月は練習です。僕は留年していて授業も出なくてよくて暇なので、夜の部活動以外にも練習をしなくてはいけません。昼間、グランドを走ったり、体育館で筋トレをしたりしたのですが、正直言って、嫌で嫌でしょうがありませんでした。

体力的にきつい、というのもありますが、「俺、一人で一体何のためにこんなことをしてるのだろう」という精神的なきつさの方が大きかったのです。「こんなことして、何になるのだろう」とか。「俺一人でこんなことしても無駄なんじゃないか」とか。今思うに、結局ヒマだったのがいけないと思うのですが。しかし、本当に、あの頃は精神的に辛かった。結局、僕は最後の七帝で優勝して終われたからいいけど、優勝できなかったら、「いったいどんなトラウマをしょってしまったのだろう」と思うと空恐ろしくなります。

「別に大して強くもない（人から認めてもらえるわけでもない）のに、何でこんなきついことをしなければいけないのだろう」というのが一番悩みの大きな部分を占めていたと思います。やはり七帝の人って、「弱いくせに無駄にきついことを沢山長くやっている変な人たち」というのがあると思うのです。そんなことを思っているのは僕だけでしょうか？　マスターシニアやムンジアルに向けて練習をするのは、とても気分的には楽でした。というのは、これは僕の仕事だったからです。仕事は一生懸命にやるのが当たり前です。

「ヒマだったからいけなかった」と書いたけど、やはり、学生って無責任なのが良いと言えば良いけど、中途半端なのです。平山が「学生は力が無いから、大学院なんか行かん。早く就職するぞ」と言ったことがあって、「おお」とか思ったことがあります。彼は実家が会社をやっているから、より一層そういう発想になるのかもですが。彼は長崎の五島列島の出身で、お父さんは事業をされているので、「お前等、うちに旅行に来るなら来い、腹いっぱい刺身を食わせちゃるぞ」と、よく言っていました。結局、一度も行く機会が無かったのは残念です。何で行かなかったのかなぁ？　我ながら不思議です。あれだけ日本全国、あちこち行ったのに。

## 九大が一年ぶり七回目の優勝

九州学生柔道体重別（福岡武道館）で永田主将が95kg超級で、四回戦まで行きました。本当に強かった。もう一回勝てば全国大会だったというのが僕の記憶でしたが、部誌を見たら「ベスト8まで3、あと一歩でした。おしい。」と書かれています。ということはベスト16だったということになり、後三回勝たなければいけなかったのかな？（多分、全国に行けるのは上位二名）。でもそれって、優勝するためには八回勝たなくてはいけないってことで、そうしたら選手数って、一二八～二五六人も居たっていうことになります。

とにかく合宿を三回やって、六月二八日に壮行会（三畏閣）をOBの方々に開いていただいて、この年の会場である京都大学に乗り込んだのであります。良く覚えていないけど、新幹線か飛行機で行ったのだけど、途中で電車事故があって、ルートを変えたのだけど、僕が「こうしよう」と進言して、そのとおりに行動しました。しかし、後で考えると、ちょっとロスがあった行程だったような気がします。

上野師範に「自分だけでもスーツ着て革靴履いて行った方が良いでしょうか？」と相談したら、「そこまでしなくていいんじゃないか」と言われたような記憶もあります。確か、前に、スリッパで七帝に向かった学生を見て「心がけがなっとらん！」と、おっしゃった記憶があったからだと思います。昔の高専大会でも、京都見物気分で上洛してくる選手も多かったそうで。その中で連覇を重ねていた四高か六高か忘れましたが、彼等はどこにも遊びに行かず、試合前夜は全員寝冷えしないように腹巻をして整然として寝ていた、という言い伝えがあります。

これもついでに書いておくけど、谷涼子さんが、初めてのオリンピックで負けた時、「試合前にバルセロナ観光なんかしないで、試合に集中するべきだった」ということを言っていたことが僕にはとても印象に残っていて、あまりブラジルとかアメリカとか試合で行く時は、観光しようという気にならないのです。試合後も何故かそうです。しかし、山下泰裕さんは、ロスオリンピックで、「他の日本人がホテルにこもっているので、気晴らしに街に出たのがとても良かった」とおっしゃっていたと思いますが。

七帝の時は、宿は聖護院の近くだったと思います。試合前夜のオーダー会議の時に、平島監督か羽田野総監督が「(選手の粒が揃っているので)こんなに安心してオーダーを組めるのは久しぶりだ」とおっしゃっていました。オーダー会議が終わって、選手全員でミーティングをして「オーダーは明日発表します(オーダーは幹部とOBで決める)」と言って解散したら、北島元部長が、二年生の長野に「お前、明日先鋒だな。頑張れ!」とおっしゃって、長野がビビっていました。長野は去年も、有田さんに「お前、試合に出るんだからな」と言われて、寝れなかったと言っていました。

試合当日、やたらと早く目が覚めてしまったので、ホテルのロビーみたいなところに座っていたら、とても落ち着きました。京大に歩いて行っていたのですが、やたらと道衣が重く感じたので、同行していた同期の長崎に「すまんが荷物持ってくれんか」と言ったら、快く持ってもらえました。着替えて会場に入る時、バリバリに緊張していたのですが、入った時、他の大学の現役が「あ、大賀さんだ（今年も出るんだ、ヤベェ）」と言っているのを聞いて、何か落ち着けたことを覚えています。

一回戦は、阪大戦でした。五人残しの圧勝でした。僕は相手の置き大将（だったのかな？）と当たって、裸絞めで一本勝ちの勝ちっ放し。もう、何か、鼻息も荒く「これが今年の九大の実力だ」と思っていましたが、今振り返ると、オーダーがピタッと当たっていました。悪い方にずれていたら、もうちょっと僅差だったかもしれませんが。

一回戦に勝てば、初日はこれで終わりです。九大が初戦で勝ったのは、何と八年前の古賀主将の時まで溯ります。（と言っても、ずっと弱かったわけではなく、敗者復活から勝ち上がって優勝や二位になったことはあります）。ただ、この時は地元開催なので、九大は敗者復活のブロックに入っていたという有利さがありました。普通に一回戦を突破した、というのは、一二年前の栗栖主将の時まで溯らなければなりません。因みに、この時も阪大に勝っています。他の試合は、北大2対0京大。名大4対1東北大。京大と阪大と東北大の敗者復活戦は大差で京大の勝ちでした。二日目は、準決勝から始まります。九大対京大、北大対名大の組み合わせです。順当に強いところが勝ち上がった、という感じです。

一日目が終わり、宿に帰って飯を食って寝て、二日目です。5対2の三人残しで九大の快勝。序盤に2点取って、ずっとリードし続けたから気分的にも楽です。京大は、先行逃げ切りの布陣のような感じでもあったし。僕は岡田さんを絞めて勝って、高橋さんに引き分け。二人抜きをしたかったのですが、二人目にいきなり担がれて亀にされて、まあいいか、もう九大勝つし、次の決勝に体力を残しておきたいし、という感じで引き分けでした。

岡田さんは僕と当たるのが嫌だったと思います。去年も当たって僕が勝っていましたから。しかも彼は、次期主将だったから、負けられない思いは強かったと思う。それを考えると本当に悪かったと思います。この時の絞めは、首の防御が固かったので、脇をすくって腕をしばりにいったのですが、そうしたらセオリー通り彼は腕を伸ばして、しばるのを防御してきたので、空いた首を絞めた、という流れです。最後は井村が得意の亀取りで、京大の大将を抑えて勝ち。井村の脇取りは凄かった。普通にしていたら僕もあっさりやられていたので、防ぐのが大変でした。

さて、もう一方の準決勝は、名大が北大に勝ち。名大主将・鈴木が、北大主将・椛島を取って勝負を決めました。あの試合も壮絶でした。鈴木が回転縦四方で絞めながら抑えたのですが、鈴木の絞めは何故か絞まらないらしく、ずっと苦しいままなのだそう。椛島君は個人的にも親しかったので可哀想でした。北大は去年、四年生が一五人いて、下級生は三年の栗林（関西の

SPOKで柔術やっている?)、二年の藤本(パラエストラ函館支部長?)、一年の山下(プロシューター)しか出ていなかったから、七帝初体験の選手が多かったこの年は辛かったと思います。椛島君も一回戦の京大戦は出番なしだったから、あれが最初の七帝での試合だったわけです。

でも、僕と同期で仲が良かった北大の平野君は留年していたので、この年は出ていました。そして凄い大活躍をしました。京大戦でも一人抜いて、二人目が牧野さん(インターハイ選手?)だったのですが、大外で殆ど一本取って、あわや二人抜きするところだったそうです。平野君は、何か人が良くて、他の北大の同期に抑えつけられていたようで、同期が卒業した途端、人が変わったように強くなって、この大会の後の北大の慰労会で「俺は、去年の優勝は本当は全然嬉しくなかった。今年は三位だったけど、とても嬉しい」ということを言って、それを聞いた中井君は泣いたらしいです。もちろん、嬉しくてですよ。

さて、次は名大と決勝です。名大はここ二年、九大に準決勝で負けているので、雪辱を期していることでしょう。しかし、九大は、何故か名大に強かったのです(あくまでも、この時期は、ですよ)。九大の破天荒な体力任せみたいな柔道は、着実な寝技をする名大はちょっと苦手だったのかもしれません。それと、何故か名大戦となると、九大のオーダーがズバリと当たるのです。

決勝、名大戦です。有田さんが最前列に座って、でかい声で激を飛ばしているのが映像で残っていたのはこの試合だったと思いますが、勘違いかも知れません。大会後、他大学の人から「有田さん、ヤクザみたいで怖かった」と言われて、「え!? そんなことないよ。そう見える?」と答えていたのですが、確かに、映像を見たら怖そうに見えます。内容については、九大の猿渡が名大の藤井を取って、それ以降のオーダーがピタリと当たりました。

何があったのかは忘れましたが、春くらいに僕は猿渡に「お前なんかに、(勝ってくれると)全然期待なんかしとらん!」と言ったことがあるのだけど、お恥ずかしい。彼はこの大会、三試合で全て一人以上抜いたから大したものです。この頃の九大は結構「四年生はもちろん頑張るけど、抜くのは三年生」という感じがあって、実際そうやってくれました。一昨年も、腕十字が殆ど決まっているのに参ったしなくて頑張りましたから。本当に頭が下がります。できれば彼が主将の時も優勝して欲しかった・・・。

僕は同期の配島(彼も留年していた)と当たりました。就職活動で名古屋に行った時、強いのは分かっていたから、無理をせずに分けました。九大の羽田野総監督が、今でも僕と会うと「大賀は五年生の時は、試合前に〝取って来い〟というと、〝はい〟と言って、キュッと絞めて帰って来たけど、決勝の時は〝取って来い〟と言ったら、〝いや、あいつは強いです〟って分けてきたな」とおっしゃいました。

そして、後半最大の山場、九大一人リードの場面で、名大最強の鈴木主将と九大の井村の試合。井村、まったく寝技に付き合わず、引き込まれても組み手を切って立つ、を繰り返します。残り時間僅かになった時、僕の隣に座っていた古川が「うぅっ、甲斐先輩・・・」と言って泣き出しました。それが耳に入って、僕も思わず涙が出てきました。俯いて、涙をこらえながら井村に声援を送り続けました。(この場面は、YouTube の動画に写ってます)。そして、遂に井村が時間まで頑張って、引き分けます。

次は、九大最強の永田主将と名大の置き大将(?)遠藤さん。永田、抑え込みで殆ど秒殺。三〇秒で抑え込んだってことです。まあ、相手も分けてもしょうがないから攻めて来たのかも知れませんが。ということで、めでたく九大が優勝します。優勝した時は「当然だ」とか思っていたけど、今考えると冷や冷やものです。

一年ぶり七回目の優勝です。試合後、円陣を組んだ時、永田が「お前ら! よくやったぞ!」と言って皆がまた泣きました。本当に永田はよく走らせたから、練習がきつかった。記念撮影の時、永田が表彰状、井村が優勝旗を持ったのですが、僕は優勝カップを持たされて面映かった。末崎に持たせれば良かった。

七大学合同の学生だけのレセプションの時、僕はあまりにも楽しくて、「九大の祝勝会が始まるから、もう帰りましょう」と後輩に言われても駄々をこねて帰りませんでした。レセプション会場から、祝勝会場に向かう時、何故か東北の藤原次期主将と一緒になって(宿が一緒だったのかもしれない)、彼が「来年主将になって、地元開催だから頑張らなきゃだけど自信が無くて・・」

と言うので、歩きながら偉そうに説教して帰ったことを覚えています。

祝勝会が終わった後も、宿で飲んでいたら、京大か名大の後輩が「大賀さん、女子が待ってますから来てください」と呼びに来たので、浮かれてその部屋に行ったら、名大の小坂師範（当時）と京大の岡本監督（当時）がご歓談中でした。後で考えれば、そいつらにはめられたのだけど、僕は両先輩方とはお近づきになりたかったので、ちょうど良くて、凄く嬉しかったのです。（しかし、これから考えると、九大も京大も名大も同じ宿だったようです。岡本先輩と風呂場で一緒になったおぼろげな記憶があったので、それは正しかったのでしょう）。今考えると岡本先輩が「女子部員が待っとるからとか言うて、誰か連れてこいや」と下級生に言ったのかも知れません。勝手な推測ですが。確か、ＯＢから「お前ら、これでイイトコロに行って来い」と幹部はお金をくれた気がしますが、みんな真面目だったので、下級生に飲み代として渡したと思います。少なくとも僕は結局、七帝後にイイトコロに行っていません。

次の日、京都通（？）の医学部の福士さんが、京都見物に連れて行ってくれたのですが、僕と永田と井村は、何を見ても全然反応が無かったのです。二日酔いとかではなくて、昨日の試合が終わって、腑抜けみたいになってしまっていました。福士さんに悪いと思いながら回ったことを、清水寺に行ったら思い出します。僕の大好きな広々とした風景で、あの時は、凄く絶景だと感激したけど、頭がボケッとしていました。

## 学生時代に七帝柔道に出会えて幸せでした

優勝した後、僕は、自分にもそうですが、人にとても甘い人間になってしまったと思います。甘いというより、人を頑張らせたり、尻を叩いたりすることができなくなりました。この時期にそれをやり過ぎたからかも知れません。上手く書けないけど、これは優勝して良くなかったことの一つだと思います。

七帝を通じて、実体験もありますし、戦前から入学するまでのことについても、本を読んでですが、「七帝を経験することで、人はどうなるのか」ということについて、知見が増えたということはあります。これは今考えると、道場経営をするにあたり、とても大きな指針というかケーススタディになっていると思うのです。例えば、七帝を好きだった人、嫌いだった人、強かった人、弱かった人が、卒業後どういう活躍をされているか、七帝をやったことを善しとしているか後悔しているか、母校や七帝を応援しているか、七帝関係者とつながりを保っているかいないか、ということです。

ちょっと話はずれますが、僕はねわワの会員さんに、強さはどうでもいいから、寝技をやることでやっている時も、やめたとしても、その五年後も一〇年後も「あの時期に寝技をやっていて良かったな」と思って欲しいと希望しているのは、この経験があるからだと思うのです。学生にもそう思います。毎年寝技研鑽会で言っていますが、七帝をやることで、学生生活をより充実したものにして欲しいのです。（きつさが先にたって、実際にはなかなかそう思えないかも知れませんが）実際にこういった比較はできないが、七帝をやったA君（もしくはAさん）は、パラレルワールドの、七帝をやらなかった同じA君より、社会に出た後も、強くなった心と身体とそれで得た経験を活かして、より世のため人のために貢献できたし、主観的にも幸せになった、というふうになって欲しいのです。

七帝はあくまでツールであり、学生のために七帝があるのであって、七帝のために学生があるのではないのです。単に伝統芸能のようなものを存続させるために、ＯＢが学生を犠牲にして七帝柔道を続けさせているだけなら、そんなのは潰れてしまっていいと思います。でも、僕は七帝はそういうものでは無いと思います。多くの方が百万言を費やしているので、繰り返さないですが、寝技の制限が少ないことと、団体競技であることから、それに正しく向き合うことは、その人を成長させるのに、ものすごく役立つと思います。もちろん、向き不向きはありますから、向かない人はいます。それは何のスポーツでも趣味でも同じです。ただ、七帝に向いている人は一定数いると思います（僕みたいに、七帝しか適性が無い人もいると思うのです）。

おそらく、その種目に向いている人が多いか少ないかは、その種目の背後にある哲学や文化のようなものが、人の賛同を多く得られるか得られないか、ということも大きいと思います。ＯＢは枕詞のように「今の時代に、こんな柔道なんかやって・・・」とか言いますが、僕は昭和初期の頃からＯＢはそう言っていたのではないかと思います。多分、そういう哲学や文化は古びないのです。おそらく昭和の初期から「テニスとかは新しい人間がやるもの、柔道とかは古い人間がやるもの」という一見正しいように思える通説があっただけではないでしょうか。

何にしろ、僕は学生時代に七帝柔道に出会えて本当に幸せでした。出会えなかったら、今、一体どんな人間になっていたのか、考えるだけでも恐ろしいです。高専・七帝柔道を作り上げた先人達、一緒に協力したり競い合ったりした同年代の人間達、これを受け継いでくれている後輩達、全ての人達に感謝を捧げます。

## 上野師範から受けた薫陶は柔道部生活で最も貴重

上野赳宗師範も、よく指導にいらしていただきました。いらっしゃる毎に、角打ちに連れて行って下さいました。上野先生は坂口征二の一年上か下で、明治大学を卒業されました。大学三年生の時、全日本学生重量級で優勝されました。全日本選手権にも数度出場されて、福岡県警の柔道部の師範をされていた方です。「三年生の時に全日本学生を獲ったけど、四年の時に獲れなかったので悔しかった。連覇は本当に難しい」とおっしゃっていました。留年時は僕は歳が一番上だったので、毎回師範の一番近くでお伴をさせていただいていました。

学生の多感な時期でしたから上野先生から受けた薫陶は、僕の柔道部生活で最も貴重なもののの一つになっています。上野師範としても、僕みたいな細い身体で入部して来て、何時辞めるかと思っていたら熱心に練習して、何時の間にか、まあまあ上達した人間は、ちょっと可愛かったのだろうと思います。しかも、四年で優勝できなかったから留年までして、五年で優勝して、結構気にかけて下さったことを本当にありがたく思っています。

上野師範の次に九大の師範になられた奥田先生は、僕が会社を辞めた後に九大柔道部の師範になられたので接点はあまりなかったのですが、七大学柔道の試合会場で観戦しながら本部席でお話しする機会がありました。それは僕にとって非常に良い経験となりました。奥田先生はバイタル柔道の岡野功さん（東京オリンピック金メダリスト）に何度も勝利された方です。高校で教師を務め、定年後に九州大学の柔道部の師範に就任されました。奥田先生は以前は近隣の高校にお勤めされていたため、僕より上の世代の柔道部員は時折、奥田先生の指導を受けられていたようです。

もちろん、九大柔道部の緒先輩方にも大変お世話になりました。できれば、一人一人お名前を挙げて思い出を記したいところですが、下手をしたら三〇〇～四〇〇人の先輩全てについて書かなければいけないし、そうなると膨大な量になってしまうので、泣く泣く止めておきます。でも、本当に感謝しております。

## 京セラに就職

九州大学では工学部資源工学科にいましたが、柔道の練習をしながら、僕は就職活動もしました。国立大学の理系の人間なので、教授推薦で「この中から選べ」と言われた会社の中から選べば大体受かります。今はどうなのか分かりませんが。この時はバブルがはじけて二年目でしたが、今考えれば、のどかだったのだろうと思います。

三年生の時はリクルーターが来て、ファミレスでご飯を食べさせてくれたり、僕の二年くらい上の人は、会社が旅費持ちで東京に面接に行って、内定したら他のところに就職活動できないように海外に連れて行くとか、そんな話を聞いた事があります。「リクルーターと食事する時は、フォークを裏返して、その上にご飯を載せて食べるべし」、とか言われましたが、「馬鹿か」と思ってしませんでした。でも、実際にやっている人がいたので、あの時は本当にたまげました。

僕は、京セラを選びました。志望動機に「京セラ・フィロソフィーに感銘を受けて」と言えばもうばっちりです。まあ、セールストークではなく、本当にそう思っていたのですけど。福岡の営業所に一回行った後（その時、甲斐と高校で同級生だったという女の子も面接に来ていたのはビックリしました。僕の自己ＰＲの「九大の柔道部」というところで、知り合いだと気付いたらしい）、京都の本社で面接でした。

そして、一九九四年四月に京セラに入社しました。京都の山科で入社式があり、京都の禅寺で一泊二日の合宿がありました。京都が本社ですが、京セラの創業者である稲森和夫さんは鹿児島出身で、最大の工場や研究所も鹿児島にあります。そのため、僕も鹿児島の勤務になりました。一年目は事業部の研究開発部門に配属されましたが、半年間は精神的に本当にきつかったです。

二年目からは半導体の開発部門に移動になり、自由になりました。「お前も飛ばされたな」とか「研究のやつらはみんな変わっているから気をつけろ」とか言われましたが、伊藤さんという上司が僕と欠落しているところが同じだったからか、僕にとっては本当に良かったのです。そこで半導体の周辺技術（電気的接続やＩＣパッケージ）の開発を真剣にやっていました。

大阪の荒川化学工業さんと一緒に特許を取ったり、二泊三日で夜中の二時・三時まで試作を作ったりしました。京セラの主力部門ではないけれども、フリップチップ実装を作っていた伊藤上司の元で、小さなカテゴリーでも、ＩＢＭやモトローラと世界一を競っているといった感じがあって、非常に発奮した時期がありました。入社して二〜三年は、本当に真剣に仕事をしました。その開発部門で実験データを出すという仕事は、その後の僕の柔術にも役立ったと思っています。伊藤さんも、僕の恩人の一人に入ります。

## 柔術を始める

鹿児島で働きながら月に一度ぐらい実家の福岡に帰ると、その時に九州大学の柔道部に練習に行っていました。東京から仙台までと同じくらいの感覚ですね。

柔術を始めたのは一九九四年の頃（鹿児島の高校のレスリング部で仕事が終わってから練習をさせてもらっていた）からだと思います。中井祐樹さんは北大柔道部で七帝柔道をしていましたが、後にシューティングを始め、現在は柔術連盟の会長を務めています。彼と僕は大学時代から仲が良く、僕が北海道に行く際はよく彼の家に泊めてもらっていました。彼が試合をする際には、博多まで見に行ったりしていました。

彼自身は九五年の四月にバーリトゥードジャパンでヒクソン・グレイシーと対戦し、その際に目を怪我して柔術を始めました。彼はあまりやりたくないと思っていたようですが、彼が柔術を始めたことで、僕も柔術という競技をより強く意識するようになったと思います。

就職して最初の一年目は鹿児島や九州で大人しくしていましたが、二年目の九五年からは出張で大阪や東京に行くことがあり、東京に行った際には、寝技研究会の稽古に参加したりもしました。大宮に行けば中井さんのジムで練習し、中井さんのところに泊まって帰ることもありました。

やはり、当時は元気でした。九州にいた人からすれば、東京に行けば横浜や大宮に練習しに行くことは普通だと思えるでしょうが、九州の人からすれば熊本に来たら福岡に行き、鹿児島に行って練習して帰るようなものなので、やはり大変だと感じるでしょう。それ以外は、することもなく、ただ寝技をしていました。

## 柔術デビュー戦

中井さんは一九九八年、東京でBJJ JAM2を開催しました。当時、僕はまだ会社員でしたが、その大会で中西さんと対戦したのがデビュー戦になります。白帯アダルトペナ級です。相手が中西さんで今、パラエストラ池袋かな？　所属が変わっていなければですが。中西さんとやって9対0で勝っているから、多分スイープしてパスしてマウントで9点だと思います。

その後、中井さんは九州でも試合を開きました。九州ジャムです。昔はトーナメントではなくて、ワンマッチという形式だったのです。ワンマッチの形式の大会はJAMという名前で呼んでいました。僕はその時には二試合をしています。一試合目が白帯アダルトペナで、増本さん。多分空手かなんかされていた方ですけど、その方には絞めて勝ちました。二試合目がメインだったと思いますが、この時、青帯アダルトペナ級で北岡悟さんと試合をしました。まだ、彼はその時、一九歳でした。ですが青帯マッチでやると。勝った方が青帯になるよって言われました。開始早々タックルで倒されたのかな。僕もスイープとか絞めを沢山しました。小手絞りとか。何回かやってアドバンをたくさん取ったので、「俺の勝ちかな」と思っていたら、「いやいや、アドバンスよりポイントの方が強いんだよ」って言われました。北岡さんが勝ちになって、彼は青帯になってすごく喜んだという記憶があります。でも、これは楽だなと思ったのは、引き込み際に足技で合わされて背中から落ちたら、七大学ルールならそれで一本負けになるけど、それがないのです。例え組んで、引き込む前にきれいに投げられても二点で済む。引き込んで、上の人が離れても待てがかからない。上の人はもっと攻めて来なければならないっていうのは、すごい楽で柔術ルールっていいルールだなと思いながら試合をしていた記憶があります。

## 柔術が知られるようになる

柔術の起源は日本にあります。武士たちが戦場で生き残るために必要な技術として発展しました。その後、ブラジルに伝えられ、ブラジリアン柔術と呼ばれるようになりました。現代では世界的に広まり、多くの人に愛されています。格闘技の一種で、極めて効果的な自己防衛術です。様々なテクニックや戦略を駆使して相手を制することができます。主に寝技を中心に行われることが多いですが、一般的な格闘技とは異なり、力やスピードよりも技術や柔軟性が重要視されます。体格や筋力に劣る人でも、正しいテクニックを使うことで強力な攻撃や防御ができます。

一九九三年にＵＦＣにホイス・グレイシーが出て来た時、皆が寝技の強さに驚いていました。僕は何となく、「それはそうだろう」と思っていたので、そうなったことに驚きはしませんでした。

グレイシー柔術と呼ばれるスタイルが注目されて、多くの人々に影響を与え、それがきっかけで柔術の人気が急上昇しました。グレイシー柔術はブラジルの家族であるグレイシー一族によって発展したスタイルで、独自の技術や戦略を持っていました。彼らは強力な相手でも、体の小さな者でも倒せる技を使って試合に勝ち続けました。このスタイルは他の格闘技からも注目され、多くの人々が柔術の魅力に引き寄せられました。そして、柔術の技術や哲学を学ぶために、沢山の人々が道場に通い始めました。柔術は体力や技術を駆使して相手を制する格闘技だから、人々はそれに挑戦することによって自己成長を図ろうとしたのだと思います。

柔術の普及には、世界的な大会や大物柔術家の活躍も大きく寄与していました。例えば、ＡＤＣＣと呼ばれる世界最高峰の柔術大会が開催されるようになり、世界中からトップ選手が集結するようになりました。また、有名な柔術家たちが自分の技術や戦略を公開し、多くの人に影響を与えました。

柔術が知られるようになるにつれて、試合やトーナメントも盛り上がりを見せたのです。観客は熱い戦いを楽しみ、選手たちは自分の技術を競い合いながら進化していったのです。柔術の魅力が広まり、ますます多くの人々が関心を持つようになっていきました。

今では、柔術は世界中で広く知られ愛されるスポーツとなっていますが、多くの道場ができ、多くの大会が開催され、柔術を学ぶ人々が増え続けていったのです。そして、柔術は単なる格闘技だけでなく、自己成長や健康への取り組みとしても注目されています。柔術の知名度が上がり、人々に喜びや興奮を与える機会が増えたことは素晴らしいことだと思うし、これからも柔術の魅力を広め、多くの人々にその魅力を体験してもらいたいと思っています。

## 九九年に京セラを辞職し、東京へ

会社の仕事は二年目から三年目は本当に真剣にやりましたが、それで自分に自信が付いたこともあり、独立志望が強かったこともあり、九九年の二月に京セラを辞職しました。そして、針灸師になるための三年間の専門学校に通い始めます。針灸の学校が四谷や代々木にあったので、武蔵境の家賃三万二千円の風呂なし木造アパートに住んでいました。そして九九年五月に、武蔵野市体育館で「ねわざワールド」というサークルを創って練習を開始しました。同年一二月に紫帯を取得したことで、アカデミーに昇格しました。その体育館で練習して、体育館のシャワーを浴びてアパートに帰るという生活でした。実は鹿児島でも前年の九八年末に「薩摩寝技会」という柔術サークルを創りました。今は前田さんが代表をやってくれていると思います。

僕が本気で真面目に柔術に取り組み始めたのは二〇〇四年からで、海外の大会にも出るようになりました。二〇〇四年~二〇〇六年は、本当に真剣に選手として打ち込みました。しかも、二〇〇五年からは、独り者だったということもありますが、道場経営だけで食べていけるようになりましたので、選手としても最高でしたし、本当に自分にとって良い年でした。

# 第三章　海外大会・ブラジル編

**補足**
階級名称が、昔のものになっています。

体重
ガロ→現在ルースター
プルーマ→現在ライトフェザー
ペナ→現在フェザー

年齢
マスター→現在マスター１
シニア１→現在マスター２

## ブラジルの話（二〇〇四年）

二〇〇四年八月にブラジルに試合（マスターシニアインターナショナル。結果は一回戦敗退）をしに行きました。マスター&インターナショナルに出て思ったのは、「日本のトップ中のトップくらいの実力がないと、黒・マスター・プルーマでも世界一になれない」ということでした。中井・早川・渡辺・吉岡・上西さんくらい強くないと、黒・マスター・プルーマでも「ほぼ確実に優勝できる」とは言えないと思います。これが正しいかどうかは分かりませんが、僕の感想です。だから、実は僕はこの前のカンペは、黒レービで鶴屋・アマゾンさんと当たったら面白いだろうと思っていました。彼等に勝つくらい強くないと、世界一になるのは難しいだろうと考えているからです。まあ、来年の夏までに僕がそこまで強くなれるかどうかは大変疑問なので、優勝を狙うには来年は減量してガロで出ないと駄目ではないかという感じです。

僕の得意スイープは、片袖片襟から相手の右手を流して左手で横から帯を取って返す、横帯の返しですが、ブラジルの黒帯にはかかりませんでした。（四名。マルコ・ノラト、デラヒーバ、デラヒーバの弟子二人）。ブラジル人でも、茶帯、紫帯だったら、少々大きい人でも返りましたので、決して駄目な技ではないです。率直に言って僕にとって柔術とは、「下から返せたら僕の勝ちで、返せなかったら負けでいいや」くらいの感じでした。また「帯取り返しを磨いていけば、マスターなら黒帯世界一になれるだろう」くらいの感じでもありました。しかし、駄目でした。インターナショナルでは二回、相手の手を流して帯も取ったのですが、とっても上手に潰されました。立ったり流した手を戻されたりして返せなかったのであれば、まだしょうがないとも思うのですが、あれだけ僕の得意の返しを正面から受けとめて身体全体で潰せるとは・・・試合をしながら本当に相手に感心していました。

僕の得意のガードは、片袖片襟の形です。柔道でこうだったから、ずっとこれでした。柔術流の複雑なガードをすると、膝や足首を痛めそうで恐かったのと、相手の袖口を袋取りにすると指先が痛んで、治療師として大事な指先の感覚が鈍くなりそうな気がしていたからです。片袖片襟だけでも黒帯にはなれます。得意なガードを自分で決めることで、完成度は上がると思います。でも、マスターでも世界一になろうと思ったら、ガードが一つだけでは、とても難しそうです。だから今は、スパイダーやデラヒーバガードもやっています。やってみると意外と快適です。

さて、先日のカンペは「片袖片襟は使わない」と決めていました。なかなか良い攻防ができたので、自分としてはまあ満足です。でも、すわり込みの前傾姿勢ばかりのガードだったので、もっとデラヒーバやスパイラルのように、自分の背中をマットに付ける形のガードなんかも使いたかったとは思いますが。今は何となく、あと三年、三六歳でシニア一年目までは試合に出続けようと思っているので怪我さえしなければ、その頃にはもっと色んなガードを使いこなせているいると思います。
ブラジルには今回始めて行きましたが、行って良かったかと言われれば、僕は良かったです。お金と時間と体力を使ったことに対してはそう思わないとやってられない、という心理が人にはあるそうで、そのせいかどうかは分かりません。ブラジルに行ったということだけでなく、僕にしては珍しく「試合で優勝しよう」と思って試合前に筋トレをしたり走ったり、乱取りをしたりコンディションを整えたりの努力があったこと。そして試合で、その時の自分のベストパフォーマンスを出せたこと。しかし、それを完封されたこと。また、それに心から感心したこと。そして、色々考えさせられたこと。この一連の事柄が、とても良い経験だったと思います。単にブラジル人の黒帯さんと乱取りをするだけだったら、浜松の幾つかの道場に行けばできるのだろうし。このくらいのショックを受けなければ、僕は柔道の寝技にこだわり続けたと思います。

あとは時系列で書いていきます。

## 八月二三日（月） ブラジル一日目

アメリカン航空で、ダラス～マイアミ経由でリオデジャネイロに着く。三〇時間弱のフライト。マイアミまでは隣が空いていたので飛行機の中でも、ちょっとは横になれたりして少し楽だった。

でも、退屈。会員さんが貸してくれたり、お勧めの本を読んだりしていた。行きに読んだのは『山嵐』と『十二国記』という本。カセットも好きな音楽を適当に入れた一二〇分テープを五本持っていった。アイコの曲が、一番心が安らいだ。空港には中山さんが迎えに来てくれていた。物凄く嬉しかった。

バスで市内に向かう。全く言葉が通じないのが、とてももどかしい。ノヴァの鈴木さんのお勧めの安いホテル・レジーナに泊まる。中山さんはコパカバーナのサボイオットンという、日本柔術関係者がよく泊まる良いホテルで、浴槽があるのが羨ましい。

パラエストラ吉祥寺の柳井君と落ち合って、昼飯を食べる。中華料理屋のメニューが、日本語でも書いてあるけど、インチキ日本語で笑えた。しかし、内容は覚えていない。その他、色々観光して、夕方六時に寝る。朝は六時に起きた。

## 八月二四日（火）ブラジル二日目

六時に起きて朝飯。旨くて食い過ぎる。いかんなぁ、苦しい。食堂を出ると、ノヴァの吉田勇太さんとお逢いする。夏休みで一週間、ブラジルにいらっしゃっていて、僕と同じホテルに泊まっている。心強い。吉田さんは今から朝食をとって、ノヴァで練習とのこと。僕は中山さんがいらっしゃるデラヒーバ道場へ。地下鉄と、歩いて二〇分程で道場へ。入るのにモタモタしていると、道場の先生がゲートを開けてくれる。あれ、あなたは、ひょっとしてもしかすると「デラヒーバ先生」ではないですか!? いや〜、恐縮恐縮。意外と白髪が多かった。練習はせず、見学。その後、中山さんとグレイシーバッハへ試合の申込をしに行く。タクシーの運ちゃんに「グレイシーバッハへ」と言っても、場所を知らなかった。こんなもんか。

夜は、ノヴァウニオンを見学。吉田(ノヴァ)・小笠原(アライブ)・やない(パレストラ吉祥寺)さんがいらっしゃる。試合前はあんまり乱取りをしたくない。特に、知らない人・場所だし。本当はこの日、走ろうと思っていたが雨で走れなかった。昨日は晴れていたのだけど。

## 八月二五日(水) ブラジル三日目

少し雨がパラついているけど、朝食前に近くの海岸を走る。四km程度走ったけど、全然身体が動かないのでビックリする。かなりショック。

ホテルに帰って遅い朝飯。また食べ過ぎて苦しい。休んで、一時間近くストレッチをする。それから、また走る。なかなか調子が上がらないので、結局、ダッシュを含めて一〇kmくらい走る。後半ようやく身体が動くようになったと思う。夜はノヴァで練習。茶・紫の選手と乱取りをさせてもらう。相手はしつこかったけど帯取りで返せたし、パスもできたので、まあまあ調子は戻った。

## 八月二六日（木）ブラジル四日目

試合まであと二日。この頃は「あと二日で世界一か〜、よっしゃ」とか思っている。ホテルで朝飯。やっと食べ過ぎないようにできた。近くの教会の前の公園でのんびりしたり、部屋でストレッチをする。

昼から、中山さんとデラヒーバのプライベートレッスンを受ける。久しぶりに、人のセミナーを受け、受ける方の大変さを改めて思い知る。喋る方は分かっていることを喋るからいいけど、聞く方は初めてのことだから、やっぱり理解するのは大変だ。ビデオを撮らせてもらったので、後日、何度もビデオを見直して、やっと理解できる。

デラさん、教えながら「こいつ馬鹿じゃないか、何度聞いても分かんないのか？　さっき説明したじゃないか」と思ったのではないかと思う。恥ずかしいなぁ。だから僕は、僕のセミナーはビデオ撮影ＯＫにしているし、ビデオ撮影不可のセミナーに行く気はあんまりしない。僕の頭では、その場限りのセミナーでは理解できないから。

夕方、ネットカフェを見ると、試合の対戦表が出ていた。見たとたん、何故か物凄く興奮してしまって、しかも帰りがけ「ガラナボンバー」という飲み物（後で知ったけど、ガラナはカフェインが多い）を飲んだのもあり、この日は、ベッドで汗ぐっしょりになって、寝れなかった。

## 八月二七日（金）ブラジル五日目　試合前日

昨日までは海岸を走ったりしていたけど、今日はストレッチ程度。やることがないので教会前の公園でのんびりしたり、洗面所で下着やタオルを洗濯したり、適当にバスに乗ってドライブしたりして過ごす。昨晩寝れなかったせいか、この日は良く寝れた。さあ、明日は試合だ！

## 八月二八日（土）ブラジル六日目　試合当日

気分良く起きて、快食快便。試合会場にタクシーで行く。黒帯マスターの試合は、三時くらいからだったが、中山さんの応援もあるので朝イチから。会場に、アーザの北川さんもいらっしゃっていた。ブラジルに着いたばかりとのこと。

選手は、大会のＴシャツを貰えるのだけど、「所属は？」と訊かれ、「ねわざワールド」と答えたら、ブラジル人の受付に大笑いされた。意味が分かるのかなぁ？　それとも、ポルトガル語に同音異義語があるのか？

試合まで大分時間があるので、チジューカの街を走る。一〇分くらい走ろうと思って、ついでに地下鉄の駅も探していたら、二〇分くらい走っていた。その後、ストレッチ。着替えも遅く、アップも殆どしないという、日本での試合にくらべると本当に同じ自分かしらと思ってしまう。

大分待たされて、試合場に呼ばれる。計量すると、道衣込みで六〇kgちょい。相手は六二kg強だった。とにかく全然負ける気はせず、体力にも自信があったので、六分三試合、飛ばして行こうと思っていた。ところが、一回戦で負けた。ビックリ。相手の強さ・うまさに。（この相手は、マルコ・ノラトという、ムンジアルで優勝経験のある、実はかなりの実力者）。

終わって、中山さんと地下鉄で帰り、鶴屋・大内・草柳さん達とポルキロで飲み食い。ブラジルで初めてアルコールを口にする（日本では毎日飲んでいたけど）。遅くなったので、中山さんの豪華な部屋に泊めてもらう。深夜、いびきが聞こえてきたので、やっぱり、試合前に相部屋にしなくて良かったな、と思う。

## 八月二九日（日）ブラジル七日目

中山さんの部屋には、バスタブがあったので、ブラジルに来て初めて、湯船につかる。気持ちいい。天気もいいし、日曜は道場も開いていないので観光をする。中山さんと、まずコルコバードの丘に行く。めちゃめちゃ眺めがいい。僕は眺めのいい高台がとても好きなので、嬉しくなる。それから、イパネマビーチ。ブラジルは冬で、海に入っている人は少ないけど、みんな水着。一生分くらいの、胸の谷間とTバックを視る。中山さんと僕とは、女性の好みが正反対ということが分かって、とても面白かった。

中山さんは、この日の飛行機で帰ったので、見送る。地下鉄で帰ろうとすると、動いていなかったので、バスで帰る。夕暮れのリオデジャネイロはとても綺麗だ。

## 八月三〇日（月）ブラジル七日目

朝、デラヒーバ道場へ。七時から練習なんて、熱心だなぁと思う。折角なので、デラヒーバ先生と乱取りをさせていただく。珍しく軽い（プルーマ・ペナくらいの）黒帯が二人いたので、こちらとも乱取りをする。プルーマの方は、僕と同じくらいの強さだったので、ちょっと安心。乱取りの様子を草柳さんにビデオを撮っていただく。ペナの方はめちゃめちゃ強かった。しかし、お陰でクロスからの腕十字のコツを盗めた。

夜はノヴァに行くが、疲れていたのでアライブの小笠原さんに挨拶をしただけ。小笠原さんにはとてもお世話になりました。ありがとうございます。いい記念になりました。とても良くできた若者だなぁと、本当に思います。

## 八月三一日（火）ブラジル九日目

あんまりこの日は、何をしたか覚えていない。夕方までブラブラして、飛行場に行ったのだけど、何したかなぁ？　記憶にも手帳にも無いです。

リオデジャネイロ〜マイアミ〜ダラス〜成田で帰る。ダラス〜成田のみ、空いていて横になれて助かった。成田から電車で帰ったけど、電車に乗っている日本人の乗客の顔が、ブラジルの人々にくらべて、精気が無いのでビックリしたことが、とても印象にあります。

# ブラジルの話（二〇〇五年）

二〇〇五年八月にブラジルに試合（マスターシニア・インターナショナル。結果は三回勝って準優勝）をしに行ったことについて。

## 八月二三日（火）

成田からブラジルへ。去年と同じアメリカン航空。去年は一人だったが、今年は水野さんも一緒。ねわワからは松尾さんも含めて、三名出場。（松尾さんは早めに行ってます。僕が紹介したパレストラ北九州代表の後藤さんと同行）。ねわワから三人も同時にブラジルに行くなんて、去年は考えもしていなかった。今年も僕が誘ったわけではないけど、やっぱり代表の影響ってあるのだろうか？

長い長いフライトを終えて、リオデジャネイロ到着。飛行機を降りる時に、道衣のズボンが無いことに気付く。飛行機の中は寒いので、身体にかけていたのだけど、隣のおじさんが間違って持って行ったとしか思えない。少しショック。空港からブラジルの風景を再び見る。「来年は絶対来んぞ。今年でケリをつけてやる」と水野さんに言う。空港から、バスでコパカバーナのサボイオットンホテルへ。二回目になると勝手が分かって楽だ。

サボイに昼前に着く。チェックインの時間には早いけど、部屋に入れてくれる。助かると思ったら、部屋にバスタブが無い！　シャワーだけ。去年、中山さんがここに泊まっていて、バスタブがあって羨ましかったのが、今年ここを選んだ大きな理由だったのに。う〜ん。どうやら、バスタブがあるのと無い部屋があるらしい。温泉の元を大量に持って来たのに。

一休みする間もなく、大会の締め切りがこの日なので、日本人選手の多くとバスに乗って連盟に行く。物凄く天気が良く、眺めもいい。が、減量で腹が減っているので、どうでもいいや、って感じ。受付の人に「パスポートのコピーを取って来い」とか面倒を言われながら、申し込み完了。疲れていたので、さっさと帰りたかったが、みんな格闘技ショップに行って買い物をする。僕は買い物に興味が無いので、表でブラブラする。

去年来た時は、一レアル＝三〇円くらいだったが、今年は一レアル＝五〇円くらいになっていたのも買い物をする気にならない原因。去年、九〇万円分、レアルを買っておけば、今頃、一五〇万円になっていたのか…くそぉ、とか思う。でも、今年、それをやるか、と言われたら、やる度胸は無いけど。みんな二件目まではしごをし始めたので、一人でバスに乗って帰る。食事は一日当たり、カロリーメイト二〜三箱ペース。

## 八月二四日（水）試合まであと四日

　サボイで起きる。水野さんと同室だったはずが、全然部屋での記憶が無い。朝飯を食べに行って、僕は減量があるので、果物を少しだけ食べる。水野さんは僕より多くのものを食べていて、「うらやましいなぁ」と見ていたら、パレストラ北九州の後藤さんが来て、減量関係なく、バクバク食べ始めたので、いいなぁ、と思ったことは覚えている。しかし、朝食に関してはサボイのより、去年僕が泊まった結構安いホテル「レジーナ」の方が種類が豊富だったなぁ、とぼんやり思う。質がどうかはよく分からないけど。

　この日は雨。試合の締め切りだったので、夜、ネットの対戦表を見ようとするが、cbjj のHPにはまだ出ていないようだったので、腹をすかして寝る。減量は、けっこうヤバめだ。あと四日で２kg落とさなくてはいけない。殆ど食えない。試合用に持ってきた村松君譲りの最軽量道衣（高校の柔道の授業で使うようなペラペラのもの）は、ズボンが無くなったので、軽いズボンも借りなければいけない。一応、後藤さんが貸してくれたけど、少し以前のよりは重い。減量なんて殆どしたことが無いので、どうも不安だ。プロ柔術でガロで出た時はかなり順調に落ちたのだけど、今回は練習を沢山したので筋肉が一回り付いてしまっている。普通は筋肉を落とさないで脂肪を落として減量するのだろうけど、僕の場合、脂肪だけでなく筋肉も落とさないと体重パスしないので、しょうがない。あとは試合まで寝て暮らそうとか思いながら寝る。

## 八月二五日（木）試合まであと三日

朝（か昨日の夜か、記憶が曖昧）、草柳さんたちに「黒ガロマスター、大賀さんだけだったよ、まあ追加があるかもしれないけど」と言われる。ネットカフェに行くが本当だ。「何で去年出ていた人は出てないのだ。きっと俺を怖がって出ないのだろう」とか思ってもしょうがない。連盟に「できればガロで出たいけど、プルーマに変更できるか」という内容のメールをする。菊地さん、その節はお世話になりました。

昼まで待つが、返事は来ないし、「う〜ん、どうしよう〜」と悩みに悩んで、結局、プルーマに変更することにする。ブラジルに行く前は「相手がいなかったら、試合しないで金メダルだけもらって帰ってくる」と公言していたのだけど・・。自分としては、それで全然構わなかったのだけど、やっぱり、人の目が気になってしまった。自分はマイペースだと思うけど、まあ、周りに影響されることもある。結局、どっちの選択が良かったのか、今現在は何とも言えません。

また、一人でバスに乗って連盟に行き、プルーマに変えてもらう。名前も、「ｍｉｋｉｏ」でなく、「ｍｉｌｃｉｏ」に間違っていたので変えてもらう。帰りがけ、ポルキロ（食事のお店）に寄って、普通の食事を久しぶり（と言っても、五日ぶりくらい）に摂る。胃が小さくなっているので、あんまり食べられない。少量を頻繁に食べよう。

夜、デラヒーバ道場で練習をさせてもらう。黒帯の年配の方とやって、紫帯の大柄の若者とやるとほぼ互角で、最後に茶帯の若者（減量してペナ、通常レービくらい）とやって、めちゃくちゃにやられる。柔術の人にあんなに簡単にパスされたことって、黒帯になってからは無いよ。こんな無名なブラジル人も日本に来たら、あっという間に最強と呼ばれるのだろうなぁ、凄いなぁ、と思いながら帰って寝る。

## 八月二六日（金）試合まであと二日

あんまり覚えていない。朝食はサボイオットンでいただく。とても美味しかった。練習はしないで、ゆっくりしている。

## 八月二七日（土）試合まであと一日

この日は昼から、マスターシニア一日目。青&紫帯の体重別。ねわワからは松尾さんと水野さんが出場。人の試合より明日の自分のトーナメント表、出てないかな〜ということが気になっていたけど、出ていなかった。松尾さんは青・シニア1・プルーマ。ワンマッチ決勝で負けたけど、何故か銀メダルをもらう。水野さんは、六人トーナメント。一回戦は不戦勝。二回戦を勝って、決勝はパレストラの澤田さんと。四日前、申し込みをする時に「一回戦で当たったら嫌だから、二人ともパレストラで出よう」と申し合わせていたけど、予想通り決勝で当たる。スイープで先行して、このまま勝つかと思ったら、バックを取られて、絞められる。う〜ん、残念。でも、銀メダル。ってことは「俺も、明日、銀メダルかな」、と思って帰る。

## 八月二八日（日）試合当日

アパートに皆さん集まって、タクシーに分乗して行く。僕が手を上げて止めたタクシーが暴走タクシーで、一二〇kmの速度で一般道でカーチェイスをしてくれる。中学生の頃見たキャノンボールを思い出す。僕は運転手さんの後ろに乗っていたので、まあ、良かったけど、助手席に乗っていた水野さんはとてもスリルを感じられたのではないだろうか。途中で「もう一台のタクシーは、相当遅れるだろうなぁ」と思って振り向いた時、真後ろについて来ていたのには更に驚かされた。会場に着いて、対戦表を見る。プルーマは九名。僕は後からトーナメント表に入ったので、きっと他の人より一試合多いのだろうと思っていたけど、やっぱりそう。（因に、宿敵マルコノラトはペナでエントリーしていました）。

一回戦の相手が一番強いのかな？　ペナの福住さんの一回戦の相手はオマルさん。聞いたことがあるから強いのだろう。メイオペサードの草柳さんの相手もＢＴＴだから強そう。やっぱり日本人は初戦に強い相手を当てられるのかな？　紫とかはそうでもなかったみたいだけど・・・とか何か色々考えてしまう。とにかく、メダルは獲って帰ろうと思う。去年みたいにアホくさい目にあってたまるか。でも、ブラジル人、強い人は本当に強いからなぁ。

試合前は凄まじく不安になったりもするので、アイコの歌を聴く。落ち着く。最後に、一番好きな『ひまわりになったら』を聴いて呼び出しエリアへ降りていく。あとは全力を出すだけだ。

試合前にブースでアップをする。いつもながら、呼び出しの音声は聞き取りにくいし、多分、「オガ・ミルシオ」と呼ばれているだろうから、気付く感じがしない。かすかに「ネワザ・ワールド」と呼ばれた気がしたので、確認して入場する。道衣は水野さんから借りた、初めて着る青のＫＦ。でも、なかなか着心地がいい。

一回戦の相手は、Mike Mrkulic、なんて読むのだろう？　ホイラーのグレイシーウマイタ所属。去年当たったマルコノラトと同じ所属だから、何か対策とか聞いているかな。まあ、とにかくいつも通りのことを目一杯全力でやって勝つしかない。

試合が始まって、すぐ引き込む。片襟と片足を取る。相手は膝をつかず、立ってくる。僕の片足を両足を内股にして挟んで、いいベースを取って来る。でも、この形なら、相手が攻めてきたら水野さんに教えて貰った鴨ネギスイープができるので、ちょっと余裕。相手もそれを分かっているのか、しばらく攻めて来ない。「あんまりベースを取られていると襟をつかんでいる手が疲れるな、どうしよう」と思っていたら、相手がいきなり正座して胸をつけて攻めてくる。ありがとう！　そのままハーフガードからの片十字絞めで絞める。相手は逃げようとするけど、同じ体重では逃げられないだろうと思えるくらいガッチリ入っていたので、腕が疲れないように心がけながら、最小限の力で絞める。下からぶら下がるように。

相手が参ったをする。思わず「よっしゃ」と軽く口から出て、腕が勝手に受身みたいに床を叩く。良かった、良かった。一回戦は突破だ。しかも、殆ど疲れていないどころか、いいウォーミングアップだった。相手は、とてもうなだれていて、セコンドに注意されたり慰められていたりした。どうなのだろう、やっぱり強かったのかもしれない。まあ、とにかくあっさり一本勝ちできて、ありがたかった。

次の試合は勝てばメダルなので、とにかく勝ちたかった。ガロだったら優勝。プルーマで出るとしたら、優勝は難しいにしてもメダルは獲って帰りたかった。まだ日本人は世界大会で黒帯ではメダルを取っていない、というのも動機の一つだけど、自分には寝技くらいしか取り得が無いので、似たような年齢・体重だったら、世界レベルにはなりたかったたし、そうであると思いたかったたし、それを絶対に証明したかった。控えブースの隅で、体操座りをして、手を合わせて、頭を下げた。「次の試合、全力を尽くします。もし御心に沿うのであれば、勝たせて下さい」。因みに僕は、頼めば願いが叶うとは思っていませんが、神様のような存在はあると思っています。（特に宗教には入っていません。念のため）。

僕は基本的に、なるべく淡々とした生活を送りたいと思っているのですが、何かあれば、命懸けでやらなければいけないこともあるのかな、とぼんやりとは思っています。最も大きいのは二つあって、一つは学生時代の柔道のある試合でした。もう一つは会社員時代のある技術開発をやっていた時。命懸けでやろうと頑張って、「あ〜もう駄目だ」という所から神懸りのような力が出たり。ふとしたことから、あれよあれよと開発が順調にいって何とかなった、ということがあります。それを経験したことは僕の人生に、かなりの影響を与えています。良かったか悪かったかは分かりません。上手く言えませんが、深遠な経験でした。あの時、結果的に駄目だったら一体、それからの自分はどうなってしまったのだろう、とも思います。凄まじいトラウマをしょってしまったかもしれません。そう考えると非常に怖いです。ある意味、博打です。たまたま僕の場合は、幸運にも上手く行っただけかもしれません。だから、めったやたらとそういう経験をしたくないとも思います。

人によっては、そういう経験をもっと何度もしている方もいるのだろうと思います。世の偉人伝では「常に命懸けで事に当たれ」という方もいらっしゃいますが、僕の場合、毎回そんなことをやっていたら、擦り切れて死んでしまうと思います。それに対する耐性というか、縁は人それぞれで違うのでしょう。漠然とした予想ですが、僕は人生で五回くらいそういうことがあるのではないかと思っています。そして、何となく次の試合がそうなるというか、そうあらねばならないと思っていました。「相手がどんなに強かろうと、次は勝つ。勝ってメダルを持ち帰る。そうでなければ、俺は俺でなくなってしまう」と。今考えると、別にそこまで追い込まなくても、とは思うのですが。でも、それはそれで大切なことですよね。上手く言えませんが。

## 第二試合

相手はLaus Rocha　所属はPedro Gama Filho　この相手が一番強かったと思う。

試合前、黒帯がボロボロなことに対して、道衣チェック係からクレームをつけられる。確かにチェックが厳しく、ブラジル人の選手も道衣の襟とかが少しでもほつれていると交換させられていました。僕は道衣に思い入れはあんまり無いけど、黒帯にはあります。柔道時代から使っていた帯だからです。これで練習もしてきたし色々な試合にも出てきました。それにケチを付けられるのも腹立たしかったので「どうでもええやん、そんなこと。さっきの試合もこれで出たんやから」と日本語でアピールするも聞き入れてもらえません。道衣チェック係は、近くにいる草柳さんを指差して、「彼から借りろ」みたいな事を言われる。ちょっと草柳さんの帯は僕には長い。幸い福住さんから帯を借りられて、事なきを得る。福住さん、ありがとうございました。

試合開始直後、引き込む。上になろうかなとか少しは考えるけど、いつも通りのことをする。もちろんガードは、片袖片襟。今度の相手は座って来たので、いきなり小手絞りにはめる。首は上手く捕らえられたけど、相手の身体全体をなかなか制し切れない。でも、もうちょっとで絞まるな、というところで持ち上げて落とされる。痛くはなかったけど、身体が床でバウンドしたはずみで相手の首が抜ける。故意か分からないけど、ずるいなぁ。しかも、殆どバスターじゃん、とチラッと思うけど、試合は続行するしかない。

絞めでアドバン1を取る。僕の組み手が外れたので、相手がパスを狙ってくる。今まで、アドバンテージは気にしなかったのだけど、Ｇｉの鏑木さんとの試合でアドバン差で負けてから、アドバンテージにも気を配るようになった。早め早めに対応する。

相手の攻めに合わせて、もぐり絞め（ネズミ捕りが一般名称なのかな?）をはめたつもりが、頭が抜けて逃げられて、そのままパスに来る。抑えさせはしないけど、アドバンを取られる。アドバン1対1で同点。相手の上からのプレッシャーが強くて、なかなかいい組み手が取れない。取り敢えずという感じで、下から相手の腕を流して横帯を取る。昔はこのまま帯取返しだったけど、今回はたぐって上を取りに行く。予想以上に上手く行って、うつぶせになった相手の上になりキープする。スイープで2点。しかも、それから相手が反転した時に、ハーフマウントの体勢まで行く。片足を絡まれているけど、相手の上半身を制していて、あとは足を抜けばパス、って形。ここで「よっしゃ！　やった!!」と、一度、勝ちを確信する。自慢ではないけど、柔道出身なので、この形は大得意。ここまで行くと、殆どの相手の足を抜ける。しかも、今回の相手は大体同じ体重だし。

しかし！　相手が、力か技術か分からないけど、物凄いプッシュをしてくる。手で顔とか、膝で腹とか押してくる。エビでの逃げもうまい。追っていけない。段々上半身のきめが弱くなって、ついにガードに戻される。この時はビックリした。（また、俺の得意を跳ね返しやがった！　本当にブラジル人って何なのだ、こいつら）。やっぱり、負けるのかなと思った。隙を突いてタックルで間抜けに倒される。スイープで相手に2点。また同点。

残り二分くらい。相手は怒濤のパスガード。何とか防ぐ。いい組み手を取りたいが、両手で足をガッチリ取られて切れない。（取られるほうが悪いのですが）。しょうがないので、やけくそで相手の上着をはだく。ある程度、パスを防ぐのにも役立つし、運が良ければブラボーチョークにも使えるかも。アタックを防ぎながら、セコンドに「点数〜!?」と叫ぶ。相手のパスのアドバンは入っているのだろうか？　「同点です〜」と声が返ってくる。うん、同点だって事は分かっているのだ。アドバンはどうなのだ？　まあ、同点ってことはアドバンも同点なのかも。いや、でも、俺を落胆させたくないからアドバンは負けているけど、ポイントは同点だよって言っているのかな？　とか瞬間的にゴチャゴチャ考える。結局、よく分からない。まあ、とにかくやれるだけのことをやろう。

数度目の相手のパスを防いだ後、ついにブラボーチョークの組み手を作れた。「よっしゃ、とにかく絞めに入ろう」。しかし、相手は顎をがっちり引いているので、形は入ったけど絞め切るまでには至らない。しょうがないので、ブラボーチョークをしながら三角でも絡む。相手は膝を尻に当ててきたので絞まらないけど、あと三〇秒らしい。ずっと絞めておこう。三角が外れるとパスで回ってくるし。三〇秒、全力で絞める。膝も痛い。そのままの形で時間。ポイントはよく分からないが（目が悪いので、得点板が見えない）、どちらのセコンドも喜んでいないので、レフェリー判定なのだろうか？　物凄く疲れていたが、平気なふりで立ち上がって、両手をとりあえず上げる。相手は座り込んでいる。頼むから、そのまま印象を悪くしておいてくれ。

レフェリー判定、どっちの手が上がるかな、と思ったら、愛すべきレフェリーが僕の手を上げる。「やったー!!」と思わず叫ぶ。相手とレフェリーを抱きしめる。ありがとう、ありがとう、本当にありがとう。思わず涙が出る。試合場のすみに崩れ落ち、一〇秒ほど泣く。（ブラジル人記者がこれを見て「Final?（決勝か？）」と、水野さんに訊いたらしい）。

相手は通路に座って、うなだれていた。セコンドがレフェリーに何か言っている。多分「うちの選手のパスの方が攻勢だっただろう」とか言っているのではないかな？　レフェリーはチョークのジェスチャーをしていたから、やっぱり最後のブラボーチョークの攻勢を認めてくれたのだろう。あの時、やけくそで、相手の上着をはだいておいて本当に良かった。通路に出たら、全身が物凄く疲れていた。もう駄目だ。

試合後、疲れきって控えブースで寝転がる。水野さんがマッサージをしてくれる。ありがとう。「やったよ、メダルだよ〜」と言ったら、「色を変えましょう！」と言われる。何のこっちゃ？　としばらく分からなかったが、もっと勝ってメダルの色を変えよう、ということだと分かる。う〜ん、そんなこと言われてもなぁ。やっぱり、応援してくれる人のために、頑張らないといけないかなぁ。でも、腕も足も疲れ切っているし（慣れない三角なんかするものではないですね）、息を吸うのも、とても辛いのですけど。本当に、フルパワーを使ってしまったし。

相手はどうだったのだろう、優勝目指して少し体力を温存しようとか思ったのだろうか？　こっちはメダルを獲ることが目標だったから、さっきの試合で全力を使ったからなぁ。そのお陰で勝ったのかなぁ。何にしろ疲れ切って（気が抜けたとは思いたくないけど、まあそれもあったかも）、次も試合をするなんて考えられなかった。どうにでもなればいいや、って感じで試合に呼ばれるまで寝転がっていました。

## 第三試合

相手はPaulo Cesarさん。所属はグレイシーバッハ。一昔前なら、バッハの黒帯が相手というだけで「凄〜い！」って感じだったのですけどね。試合前から疲れ切っていて、身体が動く気がしなかった。（「もういいや、何かされたら、あっさり負けよう」とすら思っていました）。きっと、この状態でサッカーとかバスケとかさせられていたなら、一歩も動けなかったと思う。でも寝技なら身体が動くのです。

試合開始、引き込んだら、引き込み返されて、そのまま三角で挟まれる。頭と左腕を挟まれたので、普通なら左膝を立てて防ぐのだけど、左膝を怪我しているので思わず右膝を相手の尻に当てていた。これで絞まりにくくはなったけど、自分の身体もねじれてしまって脱出が困難になってしまう。結局、三分間以上、絞め続けられる。「もう駄目だ、ちゃんと絞めが入ったら、さっさとタップしよう」と最初に思ったけど、若干絞めが甘かったのと、僕は絞めには強い方だと思うので耐えてしまう。中盤、あんまり絞まっていないのだけど、相手が力を入れてきた時には、相手を疲れさせようと、空いている右手でタップの準備をして相手に無駄な力を使わせることもする余裕もありました。（Gi-ZERO の澤田石選手との試合でも、そういうことがありました。でも、苦しいふりをしたら、澤田石選手が思いっきり絞めてきて、本当に数秒間絞めが入ってしまって焦りましたが）。応援している方々は「あ〜、もう駄目みたいだなぁ」と思ったみたいですが、敵を欺くにはまず味方から、ということで、すみません。

でも、絞められながらレフェリーと目が合った時は、一応笑顔を見せてみた。まあ、レフェリーに笑顔に見えたかどうかは分かりませんが。何回かはあごがひん曲がるほど痛くて、本当に参ったをしようかなと思った。最後の方、奥歯から「ガキッ！」と音がして、「あ、歯が欠けちゃった！」と思った時、怒りの感情が出てきて「この野郎、何てことを、ただじゃおかねぇ！」と、身体から力が出てきました。ついに、相手が諦めて三角をほどきました。「大賀さん、そこ！　そこ！」という声が聞こえます。気はあせるけど、身体が思うように動きません。しかし、相手も相当バテてしまったようで、這うようにして（主観的には赤ん坊がハイハイするくらいのスピードで）、パスガードに成功しました。三点リードです。（でも、ビデオを見直すと、まあまあ高度な足の捌きをしているので、ちょっと感心します）。

疲れ切ってサイドのまま、セコンドに「時間～?!」と叫ぶと、「あと二分」と返ってきました。う～ん、二分か、しばらく動かなくて三〇秒後に注意が来たら動いて、ガードに戻されてスイープされても二点取られるだけだから、まだ一点リードだから、何とかなるかなと頭の中で計算。しばらくして審判から攻撃を促されるが、相手は乙女ガードをしていて、迂闊に動けない。しょうがないから、またぎ絞めとかベリーでお茶を濁そうとすると、あっさりガードに戻された。やばい。しょうがなく、何とか相手の両足をすくう。これで耐えられるだろう。と、相手は小手絞りをして来る。なかなか上手くて、のどに入れられてしまう。でも、それは僕も得意なので、外し方は分かっている。可哀想だけど外させてもらう。そのまま時間。僕が3対0で勝ちです。

何か棚ぼたみたいな勝ち方で、特に嬉しくもなかった。国内のいつもの試合のとおり、普通の顔でレフェリーに手を上げてもらう。今でも「神様は何を考えて、準決勝で僕を勝たせたのだろう？」と思う。（何故か僕は、全てのことには理由があると思っているので）。でも、今の所、分かりません。いつか分かるのかな。

## 決勝戦

相手はRodrigo Pagani。所属はグレイシーウマイタ。この選手はかなり有名な人、勝つと金メダルなのですが、前の試合で変な勝ち方をしてしまったので、勝てれば勝つかって感じです。(本当に、書いていて申し訳ないですが・・・応援していただいていた方々にはすみません。まあ、僕を間近で見ている方は分かっていただけると思いますけど)。

試合開始、引き込む、と相手も引き込んで小手絞りをしてくる。結構上手くて、のどに入れられる。「この野郎、俺に小手絞りなんざ十年早いわ」と、絞めはほどくけど、絞めが利いていて下になってしまい、スイープされた形になり2点とられる。相手がパスに来る。「う～ん、困ったな」って感じで、やけくそで浅野返しをすると、予想以上にきれいに決まる。(正直言って「何でお前、黒帯の決勝で浅野返しなんかに引っかかるの?!」って感じだ。

やっぱり技が高度化して一巡すると古典の技がかかるようだ。今ブラジル人に、横帯返しはかかりませんが、あと五年もするとかかるかもしれません)。予想以上に勢いよく返ったので、こっちもちょっと驚いて、胸を合わせることができず、ひっくり返してうつ伏せになった相手を制そうとする。「どうしよう!?」

(1) 上をキープして、スイープの2点を取り敢えず貰う

(2) バックを取って、4点貰って、あわよくば絞める

僕はこの時、(2)を選択しました。結果として間違いだったのかもしれません。予想以上に亀ガードからの切り返しが上手く(僕も亀からの切り返しは得意なので、簡単には術中に陥らない自信はあったのですが)、結果として痛めている左足の膝十字を狙われる体勢になってしまいました。そのまま、相手は動きを止めて膠着。ほどなくタイムアップ。審判に手を上げられて、相手が物凄く喜んでいるのを見て、「う〜ん、俺はそこまでの覚悟はなかったから負けでしょうがないなぁ」とも思う。これで結果として銀メダルです。

試合後、観客席でずっとゴロゴロ横になる。疲れ過ぎた。底力を出すと、こうなってしまう。他の人はあんまりならないようなので羨ましい。自分にスタミナが無いのか、それとも限界に近い所を出すことができているのか、どっちだろう? 両方か?? ファビオさんとかマカコさんとかが試合をしているけど、見る気もしない、もう柔術は、見るのもうんざりって感じだ。呼び出しを受けて、表彰台でメダルを貰う。間違ってガロの金メダルをくれないかな、と思ったけど、貰えなかった。この日の夜は、みんなでお食事会。少しアルコールを飲む。

次の日はデラヒーバ先生の所に行って、一応ご報告。「君の第一試合は見ていた。良い絞めだった」ということを言われる。ありがとう。そのまま、夕方の飛行機で帰る。ブラジルで練習し

たい！　っていう気には、あんまり僕はならない。何でなのかはよく分からないけど。とにかく、今回の準優勝は、運が良かった。優勝できなかったのは、今振り返ると残念だけど、あの時は、メダルをもらうだけで御の字だった。

今回の結果は、「学生時代に柔道部で培った根性」「柔術をやって身に付けた技術」「皆さんの応援」「神様の助け」、この四つのお陰だったと思う。本当にありがとうございます。

さて、「来年はどうするの？」と訊かれます。「もう行かないのでしょう？」とか「また頑張って下さい」とか。取り敢えず来年はどうしようか、まだ決めていません。ゆっくり考えます。

⑴行かない（お休みしたい。真夏の練習はうんざり）
⑵マスタープルーマ（もう一回やろうかなぁ）
⑶アダルトガロ（ムンジアル入賞を一回くらい狙っておきたい。ガロなら一回勝つだけで入賞という可能性が高いので）

どれかですね。右のほど可能性が高いです。ただし、再来年はシニア1プルーマで出ます。多分。よほど状況が変わらない限り。今年は何故かシニア1プルーマは人がいませんでしたが、例年は試合はあるみたいです。結果を見ると入賞者がいますから。それで優勝を目指します。

二〇〇三年一〇月に黒帯になった時に、ゴン格さんのインタビューを受けて「目標はシニア1プルーマで世界一になることです」と答えていましたが、本当にそうなりそうですね。なんて先見の明があったのだろう。何も考えていなかったけど。今は膝がいまいちなので、試合は出ないけど、来年春からまた国内の試合にも、ドンドン出ると思います。それで、勝ったり負けたりを繰り返して「やっぱりマスタープルーマ準優勝なんか大したことないな」って言われるようになるだろうが、まあそれはしょうがない。毎回毎回、厳しい試合をできる素養は僕にはないです。最終的に三六歳で世界一になれるかどうかが僕にとっての価値基準なので。

平成元年に大学に入学して寝技を始めて、まさかこんなことになるとは思いませんでした。寝技を職業にできるなんて・・・夢みたいです。権利があれば、義務もあるのかな。神様が今年、僕を解放してくれなかったので、あと二年ほど一応、現役として頑張ってみます。

## ブラジルの話（二〇〇六年）

二〇〇六年八月にブラジルに試合（マスターシニアインターナショナル。結果は一回戦負け）をしに行ったことについて、リアルタイムで掲示板に書いていった文章です。昨年は、この年は試合は休もうと思っていましたが、結局、いつも通り出場しました。

### 八月二二日〜二三日（水）

成田から飛行機でブラジルへ。（成田〜ニューヨーク〜サンパウロ〜リオデジャネイロ、という行程）。水野・パラエストラの大内さんと一緒。今までニューヨーク経由は、混みそうなイメージがあったので、避けていたのだけど意外とスムーズで、空港も小さくて移動も楽だった。しかも、フライト時間も短かった気がする。（いつもは成田〜ダラス〜マイアミ〜リオ）。これからは、この路線を使おう。まあ、今年優勝したら、ブラジルにはもう用はないけど。

何故か例年よりは退屈せず、ブラジルに着く。二三日(水)午前一〇時三〇分頃。すごくいい天気。風景もいつもよりきれいに感じる。一昨年は初めてで緊張していたし、去年は減量していたから、自分の心がささくれていたのかもしれない。ブラジルもなかなかいい、と初めて思う。ホテルはいろいろ考えたけど、結局、サボイオットン。三人部屋。

試合の申し込みがこの日までとのことで、連盟に行く。僕らと、頼まれていたノヴァの明智さんの分も、無事に申込終了。ポルキロを食べて、水野・大内さんはお買い物。僕は興味がないので、ホテルに帰る。少しネットをして、シャワーを浴びて四時頃寝て、七時にデラヒーバ道場に行こうかと思うが、眠くて、寝たまま。八時過ぎに、腹が減って起きて、晩飯を食べて、一〇時頃また寝る。起きたのは六時近く。一〇時間以上寝たようだ。

## 八月二四日（木）

朝五時半くらいに起きる。朝食は六時から。取り放題で、美味しいので腹一杯食べる。重たい腹を抱えて、デラヒーバ道場へ。朝クラスは七時から。それでも一五人くらい来ている。皆さんお仕事は何をされているのだろう。準備運動をして、テクニックを習って、乱取り。デラヒーバ先生が「ハード？　ソフト？」と聞くので、「ソフト」とお願い。そしたら、青帯のでかい人を相手に選んでくれる。ソフトにやろうと思ったが、すごい力を入れてくるので、結構疲れた。まあ、怪我しなかったからいいけど。

道場に横浜の馬場先生と生徒の小林さんがいらっしゃった。お二人とも、マスターシニアにご出場とのこと。二本目の乱取りを青帯の小林さんとする。スイープされてしまった。練習が終わってホテルに戻って、ネットしてブランチを食べて、またネット。散歩。午後飯。考えごと。昼寝。夜は七時半から練習。レービくらいの黒帯さんと乱取り。パスがうまく、予備動作なく左右に飛んで来てビックリ。でも、最後はブラボーでしとめて、良かった良かった。

練習後、晩飯前にネットで対戦表を見てみる。一回戦の相手は、オマーサルムさんです。強敵です。ムンジアル二連覇して、相手がいなくて引退したという、伝説的な選手です。去年はマスターペナで福住さんに勝って、結局優勝している。決勝では、一昨年僕が負けたマルコノラトに勝っている（同門棄権かもしれないが）。まあいいよ、今年の僕はやるよ。

## 八月二五日（金）

朝六時に起きて、軽めに朝食。七時のデラヒーバ道場のクラスに出る。ルイスさん（黒プルーマムンジアル三位）と、軽く、涙が出るくらいテクニカルな乱取り。毎日、いや、週に二回でもこんなことがやれれば、かなり上達するだろうに。あと、茶帯のでかい人と乱取り。デラ先生に技を二つ質問して、教えてもらう。ありがとうございます。

ホテルに戻ってブランチを食べて、ネットをしていたら「今ブラジルに着きました」と、ノバの明智さんがいらっしゃる。「トーナメント表見ましょうか」と、見たら他の参加者がいらっしゃらない。「これじゃあ試合ができませんね、連盟に行って、カテゴリーを変えてもらいましょう」と。二人でバスに乗って、連盟へ。一二時三〇分頃着いたが、お昼休みなので、僕らもご飯を食べる。アサイとポルキロ。それから一～四時くらいまで待たされたり、頼み込んだりしたが、「もう、変更はできない。昨日ならできたのだけど」と。おいおい、それはあんまりだよ。

ホテルに戻ると、サンパウロに行っていた伊東君が、福住さんたちと来る。二ヶ月ぶりだけど元気そう。別れて、五時頃、ベッドに横になったら、そのまま熟睡。一〇時三〇分頃目が覚めるが、あんまり空腹も感じず、歯だけ磨いて、また横になる。「もうそんなに寝れないだろうなぁ」と思っていたら、次の日の朝五時までぐっすり。いやー、よく寝ました。

## 八月二六日（土）

五時に起きて、昨晩浴び忘れたシャワーを浴び、六時の朝食まで本を読んで、飯を食う。昨日の晩飯を食べ忘れたので、たらふく食べる。減量がないというのはありがたいことだ。今日は僕は出ないけど、試合一日目があるので道場には行かない。ネットカフェにでも行こうかと思ったが、八時開店（日曜は一〇時から）。暇でしょうがないので、海岸で本を読んでいたら、水野さんが現れる。二人で海岸を一時間ほど散歩。お腹がこなれたので、ホテルに荷物を置いて着替えて、再び海岸に出て四㎞走る。九時頃だけど日差しがきついきつい。

一一時にタクシーで試合会場へ。小林さんの試合は既に終わっていた。ごめんなさい。ノバの明智さんと名古屋ブラジリアンの金子さんは参加者一人ということで不戦で優勝。パラエストラの大内さんは無差別で出場。一回戦シード。二回戦絞めで負け。この日の日本人の試合は終了したので、三時頃、会場を出る。ホテルに戻って、三人でアサイを食べながら、海岸で海や海水浴客を見ている。さあ、明日は頑張ろう。

## 八月二七日（日）

朝、海岸を散歩。とてもきれいで、「うーん、ついに日本人柔術黒帯世界王者が誕生する記念すべき日にふさわしい朝だ」とか思っている。

タクシーで会場へ。行きは21レアル。帰りは18レアルくらいか。まずは茶帯の試合。水野さん、一回勝って三位。一回戦はバッハの人に、よく粘ってスイープのアドバン勝ち。二回戦は大宮の端さんに絞めで負け。端さん、水野さんに勝った後、決勝も勝って優勝！　大内さん、三回勝って三位！　黒帯は馬場さん、緒戦で腕十字で負け。福住さん、緒戦でアドバン一対三で負け。大賀も、緒戦でオマー・サルムにパスのアドバン0対1で負け。よく分からないが、そのまま彼は試合をしてなさそうだった。同門不戦で優勝なのだろうか？　自分の今の力は全て出せたので、それに関しては悔いはないです。相手のレベルが、まだ少しだけど上でした。また、頑張ります。応援・期待していただいた方々には、本当に申し訳ありませんでした。帰りはペーパームーンが出ていました。きれいでした。世界一は、来年まで持ち越しです。来年はシニア1なので、かなりの確率で優勝するとは思うのですが。それを確実にするために、また練習します。

一応、試合経過を。大賀引き込む。スパイダー。オマー、担いでくる。かなりびっくりして、危ない危ないと思いながらも、きちんと戻す。オマー、ガチガチっとくっついてくる。一昨年のマルコノラトと同じ攻め。隙を見せると、飛んでくると分かっているので、全力で戻す。オマーが来るところに浅野返しに行くが、駄目。カウンターでパスされそうになるが、福本フックでガードに戻す。ありがとう、福本さん。スパイダーからスイープを狙うが、少ししか崩れない。しようがないので座って、自分の大得意の腕を流しての帯取りを狙う。が、耐えられ、カウンターでパスに来られる。

敵ながらあっぱれの素早い攻めでパスされたかと思ったが、何とか根性で戻してガードに。戻り際、珍しく腕十字に行って、我ながらアレっと思うくらいきれいに入ったが、腕を抜かれる。点数も残り時間も分からない。一分あるかないかだろう。起きてタックルに行くが、戻される。くそったれ。こっちもクタクタだが、相手も疲れているようなので、最後の切り札のブラボーにいこうと思うが、裾を首に回せない。ここで時間。何てこった。

結局、相手のパスのアドバンがあっただけ。アドバン0対1。ああ、悔しい悔しい。残念だ。オマーさんはその後、二試合して、10点、20点取って、ぶっちぎりで優勝したそうです。

## 八月二八日（月）～三〇日（水）

二八日（月）五時に目が覚めてから、寝れなくなった。大内さんは寝ていたけど、水野さんは起きていたので、ぼそぼそと部屋の隅で色々しゃべって、六時過ぎに朝飯を食う。

七時、デラヒーバ道場の先生にご報告に。水野さんも大内さんも銅メダルを持っているので、羨ましい。僕だけ手ぶら。小林さんに写真を撮ってもらう。柔術魂2に載るかもとのこと。

ホテルに戻り、眠くなって寝る。もう一度ブランチを食い、チェックアウト。晴れていれば観光しようと思っていたけど、残念ながら曇り。ネットしたり、近場を散歩したり。

二時三〇分頃、タクシーでガレオン空港へ。どうもガオランとごっちゃになってしまう。帰りは大内さんと一緒。水野さんは二ヶ月くらいブラジル滞在。空港で名古屋ＢＪＪの金子さんとお会いする。飛行機が一緒らしい。リオからサンパウロまで飛行。これは近い。一時間。サンパウロからダラスまで飛行。これは一一時間。ダラスから成田まで飛行。これが辛い、一三時間。

着いたら三〇日（水）一時二〇分。まあ、遅れないで良かった。京成と都営新宿線と京王を乗り継いで帰る。実は調布からは乗り換えは本八幡の一回でいい。久しぶりの調布は、涼しくなっていたり、駅前にタクシーロータリーができていたり、道場の隣に駐車場（残念ながら二〇分一〇〇円）ができていたりと、一〇日弱でこんなに変わるのか、という感じ。また、今日から前どおりの日常が始まります。

## ブラジルの話（二〇〇七年）

二〇〇七年七月にブラジルに試合（マスターシニアインターナショナル。結果は優勝！）をしに行ったことについて、リアルタイムで掲示板に書いていった文章です。

### 六月二九日（金）

奥さんが、陣痛が始まったという。今日が予定日なのだ。陣痛は軽いそうなので、家で様子を見る。乱取りは、夜来た七名と全員やる。これが、試合前、最後の乱取りになるとは・・・。

### 六月三〇日（土）

奥さんの陣痛が強くなったそうなので、病院へ。家の近くで助かる。

「今晩か明日早朝に産まれるかな」とか先生に言われる。少しだけ中座して道場を開けに行く。乱取りしたかったが、技だけやって、あとはみんなに任せて病院に戻る。

夜から、陣痛が強くなって、一晩中お世話をする。

## 七月一日（日）

産まれそうで、全然産まれない。昼までに産まれれば、午後から舞浜支部に行けると思っていたけど、結局駄目で、指導をキャンセル。すみません。ブラジルから帰ってからに振り替えさせてください。

途中で親戚の人が来てくれたので、お世話を代わってもらい、休む。いくら何でも夜までには産まれるだろうと思ったが、駄目。道場を開けるだけ開けて、自主練をしてもらう。すみません。一晩中奥さんの付き添い。

## 七月二日（月）

朝を迎えても、駄目。この辛さが永遠に続きそうな気がする。二人ともフラフラなので（特に奥さんは三晩寝ていないし、一日食べていない）、午後から帝王切開をしてもらうことに。

昼から親戚の方が来てくれたので、五反田に行って、明日からのブラジル遠征に必要なビザを貰ったり、家に戻って雑用をしていたら病院に呼び出される。急いで戻ると「やっぱり普通に産めそうだから、立会いなさい」と言われる。

立ち会っていたら、結構あっさり産まれる。陣痛促進剤は凄い。凄く泣き声の大きい、元気な娘が産まれました。それにしても、うちの奥さんはタフだなぁ。これからは逆らわないようにしよう。（僕は、若い頃から徹夜とか凄く苦手で、睡眠不足に極端に弱いのです）。

いやー、明日からブラジルか。全然実感無いわ。まあ、去年より自分は格段に強くなっているし、今年からカテゴリーはマスター（三〇〜三五歳）からシニア1（三六〜四〇歳）になるから、相手は弱くなっている。まあ、四度目の参戦になるけど。頑張って来ます。ということで、ブラジルに着くまで、書き込みはお休みです。ブラジルでは暇だから、ネットカフェから毎日書くと思うけど。

## 七月三日（火）〜四日（水）

夕方六時頃、成田を出発。一二時間くらいかけて、ニューヨークへ。時間が丁度良かったので病院に電話。奥さんも娘も元気だって。良かった。

また一二時間くらい飛行機に乗って、いったんサンパウロへ。この時は、奇跡的に空席をキープできて、三人分くらい座席を占領させてもらって、横になって寝る。助かった。ありがとう、空席の神様。

サンパウロからも病院に電話。丁度、赤ん坊がミルクを欲しがって泣いていて、声が聞こえる。可愛いなぁ。しかし、生まれたての娘とも、五分くらいしか会っていないし、一回抱っこしたっきりだからなぁ。いいのかな、こんなところにいて。

サンパウロからリオデジャネイロまでは飛行機で一時間くらいなのだが、何かのトラブルで一時間ほど機内で待たされる。言葉が分からないから、原因も分からない。

やっと、リオに到着。いつもよりは疲れていないような気がするけど、生えていない親知らずが一本痛い。これが痛いのは久しぶりだ。やっぱり、疲れているのかもしれない。

ホテルに着いたのは午後三時くらい。予約した代理店から確認の用紙が送られてきていたが、それを持って来るのを忘れていたので、またお金を取られたらどうしようとか心配したけど大丈夫だった。何かホテルのスタッフの人の顔も懐かしく感じられた。とても良い天気だったので、海岸を少し散歩。水着のお姉さんが沢山。近くのバーで、アサイとアメリカーナを食べる。夕方五時から海岸を走ろうかと思ったら、眠たくなったので、ちょっと寝る。すると、一三時間寝ていた。あー、気持ち良かった。

## 七月五日（木）

六時頃起きて、朝食バイキングを食べて、デラヒーバ道場へ。ここは朝七時から練習しているのです。茶帯の方と三本する。遠慮してくれたのか、楽に攻められたので良かった。またホテルに戻って、バイキングをもう一度食べる。

早速ネットカフェに来て、試合エントリーはできているかのチェック。大丈夫だった。

黒帯シニア1プルーマは
Rogerio Marshal -Gracie Tijuca
Antonio Carlos Rodrigues -Gracie Humaita
Marcos Antonio Medeiros -Gracie Humaita
Diojone Farias -Gracie Barra
Marcelo Pache -Carlson Gracie Team
Oga Mikio -Newaza-World
の五名みたいです。まあ、どうせ三回、試合をさせられるのだろう。全部、一本勝ちをしますけど。

黒帯シニアの試合時間は、八日（日）の一七時二〇分からだそうです。日本では、九日（月）早朝です。ネットを終えて、海岸を散歩しながら、鉄棒があったので懸垂とディップスを五〇回。あと四㎞走る。日差しがきつくて、暑い暑い。明日は夕方走ろうかなぁ。でも、明るいと気持ちがいいもんなぁ。

遅い昼飯を食べて、靴下を忘れていたので買いに行く。なかなかお店が分からずに苦労したけど、結局スーパーで売っていた。あと、リコンファームがなかなかできない。英語が分からない。前はホテルの人に頼んだら、やってくれたのに。もう一度頼んでみよう。

夜飯は、ポルキロを食べようと思って、お店に入ったら、間違って食べ放題のお店だった。高くっついてしまった。早めによく寝る。

## 七月六日（金）

六時に起きて、一回目の朝食バイキングを食べて、デラヒーバ道場へ。黒帯二人と、紫一人とやる。今日の相手は強かった。ちょっと疲れた。乱取りは今日で最後だから。今日のランニングはどうしようかな。

戻って、二回目の朝食バイキングを食べて、奥さんに電話して、ネット。今日のｐｃは遅くてかなりイライラ。ネットの後はランニングは止めて、海岸をウォーキング。明日、お祭りがあるのか、舞台がいくつか作られている。賑やかなのはいいけど、治安が悪くなるのかな？　夜も一晩中騒いだりするのかな？　それは困るけど・・・。

飛行機のリコンファームは、ホテルの人にしてもらう。昼飯は、アサイとベイルーチ。夜飯はポルキロ。暇だし、部屋が臭くなってきたので、下着を手洗濯。

## 七月七日（土）

夜、蚊がいて、かゆかった。七階なのに。今日、朝練はしないから、ゆっくり寝て朝飯も一回だけ。しかし、今日のように練習しない日は暇だ。ブラジルに一人でいるのは初めてだからなぁ。

海岸でストレッチでもするか。ネットの後は、海岸を散歩したり、部屋でストレッチしたり。お祭りは心配したほどは騒がしくなかった。花火とか上がっていたみたいだけど。

## 七月八日（日）

相変わらず快晴。例年八月末に来ていた時は、晴れたり曇ったり降ったり。慌ただしかったけど、この時期は天気がいいのかな？　ありがたいことだ。起きて朝飯を食べて、退院した奥さんから電話が来て、ネット。赤ちゃんの写真をメールで送ってくれるのだけど、可愛くてたまらない。早くゆっくり会いたいなぁ。

さて、あとは、二㎞くらい走って、昼飯食べてから会場に行こう。ここ数日、たらふく食べてゴロゴロしていたので、少し体重が心配。ブラジルでは薬局で体重が量れると聞いていたので行ってみたけど、体重計が見当たらない。どこにでもあるわけではないのかな？　今は午前一〇時。試合開始予定は五時二〇分。終わるのは夜九時頃かな。

部屋でゴロゴロしてから、やっと出かける。タクシーで試合開場へ。三時三〇分着。あと二時間後か。会場で日本人を探していると、二宮さんが先に僕を見つけて来てくれる。ありがとうございます。

名古屋の野村・二宮・小山さんが、バルボーザの方々と一緒にいらしていた。というか、二宮さんは昨日、女子紫マスターにエントリーしていたら、相手不在で優勝。野村さんは今日、茶マスターレービで四回勝って、優勝されたそうだ。素晴らしい。知っていたら、応援に早めに来ていたのだが・・・。今年の日本人は、僕だけと思っていた。

さて、試合ですが、細かく書くとキリが無いので簡単に。

黒帯シニア1プルーマ。一回戦、ちょっとずんぐりむっくりの相手。これは返せそう。引き込んで腕を流したら、戻してきたのでコムロックにはめる。つっこみ絞めと腕固めと両方狙うけど何かどっちも決まらない。かなり腕が疲れたので、ほどく。うわーこれはやばい。腕がパンパンだ。と、相手の唇から出血していたので、試合が中断する。助かった。腕をバンバン叩いて回復をはかる。再開。今度はちゃんと腕を流して、何とか横帯で返す。スイープ2点。ハーフから足を抜いてパス3点。相手が逃げようとしたので、後ろにつこうとしたら、それは防がれて、また、ハーフに。再度足を抜いてパス3点。脇をはぐって、ベースボールに行くが、それはしのがれて時間。8対0で勝ち。

決勝、相手を見てびっくり。僕より背が高い。プルーマで僕より背が高い人って、対戦経験無いかも。これは返りにくいだろうなぁ。もぐろう。この人は二〇〇五年にシニア1黒ペナで二位になっていて、プルーマに落として来ているから相当気合入っているのだろう。バッハの人。

引き込んだら、いきなり飛んでマウントを狙ってくる。いやー、敵ながら良いタイミングだ。

がぜん危なかった。腕を流したり、もぐろうとゴチャゴチャしていたら、再びコムロックにはめることができた。どうしようか、安全に返そうと足で蹴ってあおるけど、手足が長くて丸められない。どうしようもないので、相手が頭を上げた時に、一気に腕を決める、と、相手が参ったをしてくれる。「やったー!!」って、何かなぁ、嬉しいのか何か分からないけど、猿みたいにマット上を跳ね回ってしまった。ああ、恥ずかしい。支部の人には、DVD送りますが、大目に見てください。

　二宮さんたちには、セコンドとか時間とか撮影とか、いろいろお願いして申し訳ありませんでした。そして、ありがとうございました。今回は、皆さんのお陰で、やっと優勝することができました。ありがとうございました。黒帯になってから、四年かかったけど、僕にとっては、とても貴重な経験になりました。

# 第四章　海外大会・アメリカ編

## アメリカの話（二〇〇七年）

二〇〇七年八月にアメリカに試合（ムンジアル。結果は三位）をしに行ったことについて、リアルタイムで掲示板に書いていった文章です。

### 八月二三日（木）アメリカ一日目

成田を出て、ロサンゼルスへ。九時間三〇分くらいかかる。席が通路側で助かったけど、後ろの席が小さい子供で、時々座席を蹴ってきたので寝れなくて困った。まあ、腹が減っていたので、あんまり眠気もなかったけど。機内食は一口で我慢しようと思っていたら、いい匂いなので思わず食べてしまう。いかんいかん。寝ていないから、やつれて体重が減っているかも。

入国審査にとても時間がかかったけど、何とか到着。同じ飛行機にアライブ社長さんとか、アマゾンさん、ピュアブレッド京都の堀口、高橋、村上さん、パラエストラの卜部さんがいらっしゃる。卜部さんとはホテルも一緒だから、タクシー乗合で行く。助かった。料金を払う際、チップが少なかったみたいで文句を言われたけど、小さい紙幣がなかったんだよ、ごめんね。それに君は、乗る時に荷物を入れてくれなかったでしょ。

日本を出たのは木曜夕方四時だけど、ホテルに着いたのは木曜午前一一時。いつもながら不思議だ。くたびれていたので風呂に入って、一時～七時くらいまで寝てしまう。起きだしてホテルの前のスーパーに行く。八時閉店だって。ギリギリだった。あんまり眠くないけど、日曜日は朝一で試合だから、体を慣らしておかないと。一〇時に寝る。機内食を食べたから、夕飯を抜いたので、腹が減ってしょうがなかった。

## 八月二四日（金）アメリカ二日目

朝の体重、55・6㎏。400gアンダーだ。朝飯を食べよう。今日はこれ一食だけかもだけど。あ～美味しかった。ということで、今は二四日（金）、朝九時二〇分。今日と明日と何しよう。試合が日曜からだったら、出発を一日遅らせれば良かったなぁ・・・。

## 八月二五日（土）アメリカ三日目

朝の体重、55・4㎏。600gアンダー。軽く飯を食べる。今日は一時にホテルに泊まっている人たちと会場に行く予定。ロビーで新聞を読んでいたら、パラ広島の藤田さんから、「昨日、泊さんが、シードの人も明日計量だって言ってましたよ」と教えてもらう。本当か！　飯を食ったから体重オーバーしているだろう。半信半疑で会場に行ったら、どうやら本当に三時からガロの人は全員計量みたい。あせって一時間ほど会場内を歩き回る。リミットぴったりでクリア。あ〜良かった良かった。

明日の僕の相手は、アクシスのジョンカルさんと外人さんの勝った方。試合を見ていたら、ジョンカルさんが腕十字で一本勝ち。取り敢えず、僕かジョンカルさんか、どちらかは日本人入賞確定ってことだ。あとは、僕の知っている範囲（ペナまで）では、泊・本間・吉岡・藤田・佐々さんが、明日（準々決勝）進出です。いや〜、やっと計量済んだから、飯を食べられる。

## 八月二六日（日）アメリカ四日目

一〇時三〇分から、第一試合。アクシスの倉岡さんと。両者引き込み合って、倉岡さん、すぐ立つ。立つのが早すぎたか、アドバンは入らず。倉岡さん、くっついて攻めてくる。時々、僕の隙を見て、立って左右に回ってくる。「うわ〜、この人巧いなぁ」と感心しながら守る。攻め返そうと思うけど、攻防を長くすると減量のせいか、スタミナが持ちそうにない。倉岡さんは、とてもプレッシャーをかけてきているせいか、顔に汗を多くかいている。後半に勝負にいこうと思い、膠着を取られない程度に動く。

ラスト三分くらい。攻めようと思う。突き放して腕を流して得意の帯取りに行くか、くっつかせたままカウンターを取るか。色々考えて、ハーフガードからカウンターを取りにいく。返せるところまでくっつかせようとするが、やっぱりそこまではくっついてこない。しょうがないから、小手絞りと袖車の変形に行く。と、今日の道衣はガロ用の薄い柔道着で、袖口が広くて絞りきれない。これは参った。絞まりはしないけど、身長差を生かしてスイープできるかと思ったのだが。絞めを外されて、両脇をすくわれる。ハーフマウントのアドバンテージを取られる。残り一分くらいか、こうなったらカウンターは取れないので、引き剥がしにかかる。倉岡さんはもちろんくっついてくる。(もちろん足を抜こうとしながら)。これを、審判は倉岡さんの膠着とみなし、二〇秒で注意1(僕にアドバン。お!?　逆転⁉)。更に二〇秒後、注意2(僕に2ポイント、え〜!?)。そして、ブレイクでスタンドから。倉岡さんも僕もびっくり。

再開。残り二〇秒くらいか。テイクダウン取られても注意で勝つ(はず)ので、無我夢中で引き込む、目茶目茶な形だ。相手の足一本にしがみつく。倉岡さんはパスと腕がらみを狙ってくるが、時間。判定は僕の勝ち。何だこりゃ。しかし、副審二人も何も言わなかったのだろう。本当に、倉岡さんとアクシスの方々には申し訳なかった。

一二時から、準決勝。相手は、Felipe Costa(去年のコパドムンド王者)と思っていたけど、何か顔が違う気がする。小柄で物凄くバネのある印象だから、バンバン飛んでくるかと思ったら、両者引き込み。ここで、相手、僕の片足を抱えて潜ってくる。おお、こんな相手は初めてだ、何もしていないのに、上にされてしまいそうだ。しかし、相手の腕がしばるのに丁度いい位置にあるので、しばりにいく。しばってしまえば、僕の勝ちだ。何でもできる。しかし、しばった途端、腕を伸ばされるだけで、簡単に切られる。はて？　三回ほどやったが、そのつど切られる。僕の体勢が十分ではないというのもあるけど、物凄い腕力だ。しかし、さすがに嫌だったのか相手が上になる。相手にアドバン1。くっついて攻めてくる。脇をすくうのが異常に上手い。こんな簡単にすくわれた経験はない。完全にハーフマウントを取られて、相手がアドバン2リード。何とか脇をすくい返して、攻めに転じようとすると、袖車にくるから攻めづらい。しかも、袖車を両方からしてくる。

残り三分になった。本気で攻め返そう。頑張って引っぺがして、腕を流して攻めようとすると後ろに下がって逃げる。もうそこは場外で、待て。本当に、ブラジル人ってこういうのが上手い。本気で勝とうとするなら、僕も真面目に場外際の使い方を身に付けるべきなのだろうけど。

道衣を直していると、向こうのマットでどうやら本間さんが逆転スイープで勝ったらしい。凄いなぁ。僕も決勝に行くから待っててね。

スタンドで再開。なかなか組み合ってくれない。両者引き込み。相手が立ってアドバン3リード。しかし、何とかもぐりの形を作れた。あとは手を取って返すだけだ。返せば勝つ。立って返そうとしたら、頭をまたがれる。それは予想済みだ。バックを取ろうとするが、足を上手く取られていて行けない。そこで後転スイープだと思うが、どうしてもバランスを崩せない。二〜三回方向を変えてあおってみるが、駄目。そこで時間。ああ、終わった。

試合後、吉岡さんに訊くと、Bruno Malfacine さんという選手で、前の試合は Felipe Costa に一本勝ちしているのだと。特に何が上手いって印象はなかったのだが。本間さんに相手について訊かれたので「あ〜こうこう、こんな感じ。君なら勝てるよ、頑張って」と伝える。観客席に戻って、減量に持って来ていたゼリーやおかゆを食べる。こんなのを食べていた時期があったのだ。もう、ないだろう。

重量級の決勝進出者が出揃って、五時から決勝。本間さんの試合。16点くらい取られて時間間際に絞めで一本負け。あんなに相手は強かったのだ。僕以外には全部一本勝ちなのではないか？　しかし、本間さんも一回スイープしたから凄い。彼は Daniel Otero（去年のムンジアル王者）にも勝っているし。大したもんだ。何だろう、今回のムンジアルは初めてだったけど、ひょっとしたら今トーナメント実力一・二番の人と試合をさせられてしまった気がする。二〇分間、殆ど何もできずにヒイヒイ言わされていただけなのに、何か銅メダルだけを貰ってしまい釈然としない。あのチャンピオンにアドバンしか許さなかった、ということで神様がくれたのだろうか？　普通の選手と普通の攻防をしたかった。一試合目からチャンピオンクラスと当たった人から見たら贅沢な言葉なのだろう。

**【補足**　ブルーノは、この後ムンジアルで十回優勝するという、前人未到の大選手になりました。**】**

## アメリカの話（二〇〇九年）

二〇〇九年六月にアメリカに試合（ムンジアル。結果は一回戦負け）をしに行ったことについて、リアルタイムで掲示板に書いていった文章です。

### 六月四日（木）アメリカ一日目

成田発一七時三〇分のユナイテッド890便でロサンゼルスへ。一四時三〇分頃着く。早すぎたかなと思うが、何だかんだしていると慌ただしい。第一ターミナル南ウイングで、トライフォースの中山、芝本さんと、AACCの塩田さん達とお会いする。どうやら同じ飛行機のよう。出国手続き等を終えて搭乗口近くで、バーバリアンの島崎さんと会う。彼とは今回ホテルも一緒なので、一緒に行動する予定。彼は全日空なので、ロスの空港で落ち合うことに。

搭乗するが、全然離陸しない。何でも同じユナイテッドのサンフランシスコ行きに整備不良があったので、乗客の何名かがこちらに移ってくるので、この飛行機は満席になるという。キャンセル待ちで乗った人は降ろされていたみたい。しかし、結局一時間半ほど遅れて離陸したけど、誰も乗って来なかったようだった。空席が多かったので二席占領して、横になって寝かせてもらう。ありがとう、空席の神様。

機内食も殆ど全部食べる。どうも出されたものを残すのは苦手だ。『ウェブ進化論』とかを読んで、グウグウ寝ていたら、「朝食だよ」と起こされる。これも食べる。体重大丈夫かな？　でも、機内の楽しみって食事くらいしかないもんね。

結局、一時間半遅れで到着。島崎さんとは「お互い一時間以上の遅延があったら先にホテルに行ってよし」と決めていたので、どうやら先に行ってしまった模様。同じ飛行機の中山さんも塩田さんたちもホテルはロングビーチ（試合会場）に近いところとのことなので、結局一人でタクシーでホテルへ。ちょっと心配だったが、ナビ付きだったようで、スムーズに到着。＄３０。チップは＄５でいいのかな？

## 六月四日（木）アメリカ一日目2

ホテルに着くと、島崎さんもちょっと前に着いていたらしい。定刻に着いたのに、かなり待っていてくれたらしい、悪かったなぁ。僕の荷物が出るのが早かったら間に合ったのかも。

ホテルは一泊＄６５くらい。一昨年のニューガーデナホテルは＄８０だったから割安です。部屋もダブルで十分広いし。風呂に入って、午後三時に布団に入ると、七時まで寝てしまった。いかんいかん、一昨年も一〜七時まで寝て、あわてて買い物に行ったのだ。

五〇〇ｍほど歩いて、一昨年も行ったニューガーデナホテル向かいのスーパーに行く。ここは日本の食材もたくさん置いてある。ちょうどいい量のご飯がなかったので、カリフォルニア巻き六個とサラダと水二Lを買う。$10。八時閉店なので急いで来たのに、店員さん、のんびりしてるな・・と思ったら、閉店時間が九時に伸びていた。どこも競争が激しいのかな？

部屋で買ってきたものを食べる。六個全部食べるか迷ったが、結局全部食べる。計量は土曜の三時のはずだから、明日だけ我慢すれば大丈夫だろう。

一昨年も使った、KDDIスーパーワールドカードというものを使って、家に電話しようと思うが、らちがあかない。結局フロントまで行くと「ああ、すみません、電話がロックされていました」だって。まあ、日本語が通じる宿で良かった。

ネット環境も大変。無線LANに、PHSをつないでやっているのだけど、始めに、やろうとしたらIDやパスワードを訊かれるので、フロントに訊いたら「取りに来て下さい」と一週間使えるレシートを渡される。しかし、ブチブチ切れるし遅いし、夜中にまた使おうとしたら全然ログインできないのでフロントに訊いたら、「じゃあ、また新しいのを取りに来て下さい」と。一週間使えるのでは無かったの？

飛行機の中で『ウェブ進化論』を読んだけど、インフラではアメリカより日本の方が全然進んでいるとか書いてあって、本当かよと思っていたけど、そうなのかもしれません。

一一時三〇分に寝たら、五時三〇分頃起きてしまった。七時から朝飯だから行ってこよう。今日は島崎さんが試合だから、会場に昼から行ってきます。茶プルーマの芝本さん（トライフォース）とペナの塚田さん（ノバ）と島崎さんの応援予定。

## 六月五日（金）アメリカ二日目

朝六時頃起きる。体重は55・5kg（実質）。500g落とし過ぎてしまった。朝飯食べよう。朝飯は七時から。一応バイキングなので、ご飯と目玉焼きとウインナーと味噌汁とシリアルをいただく。どうしてもシリアルは、あると食べてしまう。

しばらく部屋で過ごして一〇時前に買い物。今日は試合会場に夜まで入る予定なので、昼飯と晩飯を買っておかないといけない。（会場でも食べ物を売っているけど、基本的にファーストフード）。焼き魚弁当とサラダを買う。これを昼と夜とで半分食べよう。買い物をしていると、ニューガーデナホテルに泊まっている吉岡さんかご家族、関口、佐々、澤田さんとお会いする。黒帯ばっかりだ。

一時に島崎さんとタクシーで会場へ。$55。高い。会場に着いたら早速、体重を量ってみる。持ってきた体重計も持参しているので、差がないかも確認しよう。すると、56・9!?　何じゃそりゃ!!　手持ちので量っても殆ど同じ。朝飯食べ過ぎたか・・・書くのを忘れたけど、買い物に行く前にもシリアルを食べてしまったから。牛乳ももちろんかけて。これはまいった、弁当も買ってきたのに食べられないかな、と思っていたけど、夕方くらいになったら殆ど何もしていないのに56・3kgまで落ちている。我ながら凄い代謝だ。いったい何にエネルギーを使っているのだろう。本当に資源の無駄遣いだと自分でも自分の身体をそう思います。

これだけ減っているなら大丈夫だ。サラダ全部と弁当を半分だけ食べる。さすがに全部食べる勇気はなかった。まあ、明日の三時に計量が終わればいくらでも食べられるから・・・。しかし、半分の弁当を廃棄するのは胸が痛む。もったいない限りだ。

## 六月六日（土）アメリカ三日目

無駄に1・5kgもアンダー。何てこった。まあ、計量終了を待たずに、今朝から体重を全く気にせずにたらふく食べられて良いか。朝飯を二回食べる。二回目はシリアルだけだけど。スーパーに行って、計量が終わった後に食べる弁当を買う。のどあめも買わなきゃ。戻ってたら島崎さんとの待ち合わせに少し遅れる、ゴメン。一一時から黒帯無差別の試合だったので早めに行ったのだけど、そんなに有名選手が出ていないようで、あんまり面白くない。ガルシアは出ていないのかな？　日本人では植松さんと塩田さんが出ていた。凄いなぁ。自分も国内では昔アブソに出ていたけど、今では考えられない。歳かな。

減量も余裕なので、アサイを食べる。＄6。でっかいカップに入っていて、食べ飽きるくらい。

しかし、この日の昼以降は、同じ値段で、小さいコップに入れ物がスケールダウンしていた。何なのだろ？　間違っていたのか？　単なる形を変えた値上げなのか？　早く食べていて良かった。

三時まで待ちわびて、ようやく計量が始まる。今日は黒帯の各階級、ベスト8まで決める。ガロはエントリーが七人なので、今日は試合はないのだけど、計量だけはしてくれる筈。

続々と選手が呼ばれ、計量・胴着チェックをして、試合が始まる。計量が途切れたら、係の人に声をかけて、計量してもらおうと思っている。すると、同じガロのピテウとカイオテラがやって来て、係の人に話しかけ始めた。よしよし、彼らについていけば一緒にやってもらえるだろう。時々ポルトガル語しかしゃべれないスタッフがいるから困るのだ。（と言って、僕がちゃんと英語ができるわけではないですが）。

やりとりをしていると、係の人がダメだというようなことを言う。水を抜いてカラカラの澤田さんが隣で「え!?　今年はダメなの!?」と叫ぶ。どうやら「計量は一回切りだから、今量ってダメだったら、明日また計量してくれと言ってもダメだぞ」と言っているのではないかな？　しかし、そんなことを言われたからって「じゃあ、明日にします」って人がいるのかな？　「分かった分かった、それでいいから」と中に入れてもらって、大丈夫の筈だけど、ちょっと緊張しながら胴着チェックと計量。問題なく終了。三週間の減量もこれで終わり。たった三週間って分かっているのに辛かった。もっと心を強く持ちたいものだが。

いそいそと観客席に戻る。「日本の選手はどう?」と訊くと、ペナの中山巧さんはマリオヘイスの三角で負け。プルーマの生田さんは、あっさり腕十字で一本勝ち。何とマウリシオは腕十字で一本負けだって。見たかったが残念だ。

何と吉岡さんも負け。両者引き込みから足関節でアドバンと場外逃避? で2点取られる。その後、上から攻めて二回抑え込むも、不十分だと見なされてアドバン止まり。あれは足もどかしていたし、胸も合っていたではないか。相手は、その状態でバタバタしていただけだから、僕はパスだと思うのだけど。佐々さんも、コブリーニャに一本負け。ショックそうだった。

結局、黒帯で勝ち上がって二日目(ベスト8)に残ったのは、プルーマの倉岡さんと女子の塩田さんだけ。まあ、去年も吉岡さんと女子の阿部さんだけだったと思うので、例年並みです。

帰りは澤田さんたちの車に乗せてもらう。僕と島崎さんが乗ってちょうど定員の八人。ありがとうございます。

六時頃ホテルに戻って、どうしようか考える。からあげ弁当は三時頃食べ終わったから、あんまり腹減ってないのだけど。明日早いから夜は一〇時に寝たいから、七時頃には晩飯を食べていた方が良い。ということで、ずっと行ってみたかったけど機会がなかったニューガーデナ前の二四時間営業のステーキ屋さんに入る。どんな風に注文するのか分からないので、おすすめのリブステーキ8オンス（一番小さい）を頼む。＄10・99。ポテトかライスか訊くのでライス、ガーリックトーストか何かと訊くのでガーリック。飲み物はこれかこれか水かと訊くので、レモネードを頼む。しかし、水以外は有料だった。焼き具合はレア。半生って旨い。

料理が来るまで、さっきブックオフで買った『育児の百科』（松田道雄著）を読む。なになに、二〜三歳になると協調性が必要になる、親の責任が大きい・・・。自分に協調性が無いので非常に耳が痛い言葉だ。料理が来たので食う。やっぱり大味だけど、アメリカらしくていい。肉も食べごたえがあった。

## 六月七日（日）アメリカ四日目

昨日は一〇時頃寝て、今日は六時三〇分頃、自然に目が覚める。よしよし、良いコンディションだ。一〇時三〇分から試合だから、九時三〇分にホテルを出るから、その前に九時開店のスーパーで弁当を買って、その前に七時からの朝飯を食べて・・・と予定を再確認。大丈夫だ。

七時になって朝食へ。三時間半後に試合だからと、ちょうど良い分量のご飯を食べる。実際は、ちょっと食べ過ぎだったかもしれないけど。朝食後、ホテルの売りである、中庭に置いてある長いすに横になって空を眺める。こういう時間を持ちたかったけど、いろいろ慌ただしくてできなかったからなぁ、今日できて良かった。綿雲も綺麗だ。

島崎さんが朝飯を食べに降りて来たので（僕らの部屋は三階）、挨拶をする。部屋に戻り、一応、今日の二、三試合目のスケジュールも確認しようかと保存してあったメールを見ると、何と試合開始は一〇時。三〇分間違っていた。危なかった。

九時にタクシーに乗って、九時三〇分会場入り。今回の遠征でのタクシーは殆どナビが着いていて全然困らなかったのだけど、今日の運ちゃんはナビの調子が悪いのか、無線で連絡を取りながらロングビーチへ向かう。「おいおい、間違っても一〇時すぎるなよ」と少し心配するけど、かなり飛ばす人だったのと、島崎さんが昨日会場周りを散歩して抜け道を見つけていたお陰で早く着いた。ありがとう。

僕らは結構遅い方かな、と思って入ると、殆ど誰もいない。みんなのんびりしている。試合前三〇分なのに。まあ、人のことは言えないし、ひょっとしたら外で凄いアップをしているのかもだけど。のんびり着替えてアップしていると、ぼちぼち人が集まって来て、最終的には凄いメンツが周りをウロウロし始める。この時間に集まっているのは、黒・ガロ～レービのベスト８の人間だから当たり前か。

ガロの一回戦がある六人が呼ばれる。早速入り口に並ぶが、しばらく経っても並んでいるのは僕と澤田さんだけ。やっぱり日本人って真面目なのだろう。もっとルーズになってもいいのかな。ようやく人が集まって胴着チェック。僕は二試合目らしい。昨日まで試合場は八面だったけど、今日からは二面になって、広くなるし注目されるし、気持ちが良い。脇のアップスペースも広くなっているようで、のびのびできる。

隣にはブルーノがいるが、殆ど気にならない。これは良い状態だ。心技体とも最高のものが出せるだろう。自分もやっとこんな心境で試合に臨めるようになったか、嬉しいなぁ。以前ならもっと余計なことを考えて無駄な緊張をしていたとか思っていると、前の試合が終わる。フェリッペ（昔の世界王者）が判定勝ち。よしよし、二回戦ではすまないが、僕が君に勝たせてもらうよ。

僕にブラジル帯が渡されて、巻く。これを巻くのは久しぶりだ。前回のブルーノとの対戦では、彼がこれを巻いていたのではないかな？　前回は巻いていた彼が勝ったから、今年は僕が勝つのだろうとか思う。名前を呼ばれて試合場に入る。ブルーノはマットに頭を押しつけてお祈りをしているので、僕も立ったまま手を合わせる。「呼ばれたみたいだよ」とブルーノの背中を叩いて、二人でマットに入る。審判と三人握手をする。何となく、主審→副審二人の順番でするもののような気がするけど、こっちでは合理的に端の副審→主審→副審の順番で握手をするようだ。ブルーノの後に続く。

さあ、試合だ、あれ？　ブルーノ、僕と握手しないのか？　何でそんなに遠くにいるの？　タックル狙いか？　どうせ僕には上になりたくないのだろ？　一昨年は僕以外には全部一本勝ちしたけど、僕にはパスもできなかったもんな。（まあ、僕もしがみついていただけですが）。コンバッチの合図の後、少しずつ近づいて来て、握手してまた離れられる。そんなに急ぐから拳を合わせるのはタイミングが合わなくてできなかったではないか。

お互い引き込む。相手が僕の足をもって、スピンしながらもぐってくる。何だ何だ。一回目は防いだけど、二回目でバックを取られる。え？　何だ何だ、訳分からない。まあ、シングルレッグなので普通に逃げようと思ったら、フェイスロックで首を決めてくる。うーん、首は古傷なので無理には耐えない。早めに参った。

信じられない結果だけど、あれだけ充実していた状態であれだからしょうがない。しかし、両者引き込みからもぐってバックを取るのは昨日サムエルブラガがやっていて、何だありゃ!?って驚いたのだ。吉岡さんも両者引き込みから足関節でアドバン取られていたし、あんな分野まで技術開発が進んでいるのだろうか。という感じで、あっさり負けました。自分では優勝してもおかしくないと思っているので、また来年、それを証明するためにムンジアルに出ますけど。でも、出るのは来年までですけどね。再来年で四〇歳になるので、区切りをつけて、それからは生活を変えようと思っています。今年はこんなことになって、応援やご協力をいただいた方々には申し訳なかったです。

観客席に戻ると、僕が試合したマットはもう静かになっている。「澤田さんの試合は終わったの」と訊くと、何故かプルーマの試合があって、倉岡さん（兄）が腕十字か何かで秒殺されたそう。残りの男子は澤田さんだけか・・・と応援しているが、ピテウ（昔の世界王者）に判定負け。ああ、男子全滅。あとは塩田さやかさんだけだ。（塩田さんも決勝で腕十字秒殺負け）。あとはレービまでの準々決勝。凄い試合が続く。時々膠着試合もあるけど。

準決勝。カイオテラ（昨年の王者）が澤田さんに勝ったピテウに足関節で一本勝ち。さて、ブルーノはどうかと見ていると、引き込んだフェリッペに喜んで上から攻めている。僕の時にも上から攻めて来てくれれば良かったのに。パスしながら飛び付きの腕十字で一本勝ち。よしよし、決勝でも一本勝ちしておくれ。（ブルーノは一昨年の王者。昨年はカイオテラに準決勝で判定負け）。それにしても首が痛くなってきた。早めに参ったした、と言うものの、それはやっぱり「通常の試合にしては」ということであり、普通の乱取りだったら我慢し過ぎたレベルだったのだろうと思う。一瞬だけど「首折られたって参ったなんかするものか」と思った。慌てて「いや、気持ちは分かるけど、そうではないだろう」と、自分で自分をなだめたけど。絞めなら落ちるまで参ったなんかしないのだけど、首関節は駄目だよ。公式にはフェイスロックだし、今の格闘技界の潮流があの流れだからどうしようもないけど。

観戦しながら、大宮の柿澤さんが、リオでブルーノと練習したことがあるって言っていた。その頃からデラヒーバやスパイラルで、バックを取るのが流行っていたらしい。両者引き込みからってことかな？　足関節の取り合いでも、似たような状況になるか。あと、個人的に好きなエスキジットは、プルーマの準決勝でメンデス兄に僅差で負け。強いのに、残念。メジオのチャゴはガルシアに大健闘してアドバン差の負け。

さて、ガロの決勝。ブルーノ対カイオテラ。両者引き込み。ブルーノ、僕にやったようにもぐってバックを取る！　一度かなり絞まったように見えたが、カイオテラ頑張って逃げる。ブレイクになって、カイオテラが何かアピール。きっと「こいつ、顔をグリグリやってくるんだよ」と言ってると思う。僕も口の中が切れているし、カイオテラも医務班に何かしてもらっている。ひょっとしたら鼻血かも。ブルーノは「知らねえよ」と涼しい顔。あとはカイオテラが引き込んでブルーノが上から攻めて、最後カイオテラが逆転しようと反撃するけど、ブルーノは何かポイントを取って勝った気がする。決勝を見て、「あーあ、やっぱり俺より強いのはブルーノだけだったな」と言いたかったけど、カイオテラも僕より強い。来年は優勝できるよう頑張ろう。おためごかしでなく、来年が最後だし。

試合後、ニューガーデナホテルの豪華客室でのパラエストラの澤田、佐々、江崎さんたちの打ち上げに、島崎さんと参加させていただく。美味しいピザと焼肉と焼きそばでした。ありがとうございました。一一時三〇分頃中座して歩いてホテルに帰って、風呂に入って寝る。

## 六月八日（月）〜九日（火）アメリカ最終日

七時前に起きる。九時から近くの店に、旨いと評判の焼肉丼を島崎さんと食べに行く約束をしていたが、一昨日から肉を食い過ぎたか、ちょっと腹が重いので、悪いけどキャンセルさせてもらう。軽くシリアルだけでも食べようかなと、結局いつものホテルの食事室（食堂というほどの豪華さはない）に行く。シリアル食べよ、味噌汁も飲みたいな、せっかくアメリカに来たからパンも食べよう、中途半端だな、ご飯も食べちゃえ、と結局いつも通りの量を食べる。まあ、炭水化物メインだから大丈夫だろう。

ちょっと部屋でウトウトして、一〇時三〇分にタクシーでホテルを出る。お世話になりました。無事に空港にも到着。島崎さんは全日空でターミナルが違うので先に降りる。ありがとう、世話になりました。来年は黒帯で出てください。チェックインでほんの少し荷物検査で列が長くて手間取るが、あっさり搭乗口へ。二時間前に空港着で良かった。三時間前に着いていたら暇すぎただろう。奥さんと娘におみやげを買う。かわいいTシャツ。きっと泣いて喜ぶだろう。

## アメリカの話（二〇一〇年）

左の文章は二〇一〇年六月にアメリカに遠征（ムンジアル。結果は一回戦負け）したことについて、リアルタイムで掲示板に書いていった文章です。

### 六月三日（木）アメリカ一日目

九時三〇分頃、調布で起きたのかな？　寝坊してしまった。昨日使った道衣とかを洗濯して、ご飯を食べて、（一合炊いた。買っていた納豆とレタスはちょうど無くなった。良かった）。昨日やっておけば良かったと思いつつ、道場に行ってバーゲンの道衣の注文をする。すると、クレジットカードが手元に無かったのでやり直し。留守中のテレビの留守録をセットして、洗い物をして出発。今日は時間に余裕があると思いながら行動したはずなのに、何でいつも最後はバタバタするのか不思議だ。

一二時三九分調布発。本八幡で一回乗り換えて、成田に一四時三〇分頃着。途中腹が減ったので、ラップに包んで持ってきたご飯の残りを食べる。電車の中で『断る力』（文春新書）を読む。勝間さんって、批判も多いみたいだけど僕は好きだ。考え方とか凄く似ていると思うし。勝間さんって、僕の名前や著書で検索して、ブログとか掲示板とかチェックしているそうですね。ここも見るのかなぁ。ちと恥ずかしい。

成田で荷物を作り直して、チェックイン。飛行機会社も便名も去年とまったく一緒。チェックインが機械になっていて戸惑うが、無事マイルをＡＮＡに変換する。これをやれば、この往復のマイルで国内往復できるから。チェックインの行列でボディメーカーに再度電話して注文。忘れないで良かった。

減量のため、空港内を歩き回る。機内の楽しみって、機内食くらいしかないから、それは食べるつもりなので、減らしておかないと。あと、ロスで空港からホテルまでタクシーで行くけど、誰かと乗り合いしなくては高くてしょうがないので、誰か柔術関係者を見つけようとしたけど、誰もいない。変だな？　毎年この日に出る人が多いのに。橋本さんのブログでは、昨日出た人が多かったみたいだ。困った。最後までウロウロしていて、アナウンスで呼び出されたので、急いで搭乗（時間に遅れてはいないよ）。

機内をウロウロしていたら、女性に声をかけられる。何だ何だと思ったら、和道さんの奥様とのこと。どうもどうも。和道さんたちは、ホテルはエイトってとこで、僕とは違ったから残念。機内食を食べるが、全然眠くならない。今朝寝坊したからか？　しょうがないから、『統計学でリスクと向き合う』（新版—数字の読み方に自信はありますか？）とか読んでいる。隣の人はずっと口を開けて寝ている、羨ましい。結局、時々うつらうつらした程度で、到着一時間三〇分前の軽食を食べ、食後の紅茶に砂糖を二本入れたのを飲んだら、ロス到着。何と八時間半のフライト予定が、一時間早く着いた。ブラボー！　現地時間一〇時頃到着。

入国検査で、いつになく色々訊かれたし、Eチケットやクレジットカードを見せろとか言われて、ビックリしたけど、無事入国。アライブの小林、細川さんと福住柔術の小山さんがいらっしゃる。和道さんを待っているみたい。僕もしばらく待っていたけど、結局、ガーデナ方面に行く人はいなかったので、一人でタクシーに乗る。五千円か一万円くらいかかってしまうと思っていたら、$33でガーデナ・テラス・イン到着。嬉しかったし、小銭もなかったので、$40渡す。しかし、去年のを見直すと、$30になっている。何だ、そんなもんか。

ホテルに無事着きました。飛行機は一時間も早く着いたけど、何か寝れなかった。その割には全然疲れていないけど。買い物をして、少し歩いて、早めに寝よう。ホテルでシャワーを浴びた後の体重57・0㎏。機内食を食べたし。何か機内食は我慢できない。するつもりは無かったし。ムンジアルでアメリカに来るのもこれが最後か。嬉しいなぁ。泊まっているホテルは去年と一緒でガーデナ・テラス・インです。疲れているけど眠くないので、散歩がてらスーパーと日本人が泊まっているであろうニュー・ガーデナ・ホテルに行く。ウロウロしたけど、誰とも会わない。さすがに腹が減ったので、シャケおにぎり二つと野菜サラダを買う。水も1ガロン買う。4㎏弱あり、ホテルまで戻るのが重かった。

ホテルに戻って、おにぎり一個弱とサラダを食べながら、ノロノロとネットで人とやりとりしたり仕事をしたりする。去年は着いたらすぐ寝て、夕方起きて、と結構いいペースだったのだけど。どうしようか考えるけど、寝たほうがいい気がしたので、四時頃寝る。

寝ていたら小便で何度も起きる。一〇時頃、目がさえたのと、これだけ小便したら、体重がかなり落ちているのでは？ と思って起きて量ってみると、５６・４kg。良かった良かった。そういえば、去年も同じ現象が起こっていた気がする。

## 六月四日（金）アメリカ二日目

昨日は四時に寝たので、早朝から目が覚める。体重は５６・０kgちょうどだ。朝飯は七時からだけど、腹が減ったので昨日残したサラダとおにぎりの残りを食べようと思って、冷蔵庫から出したらカチンカチンに凍っていた。なんなんだよそれ。しょうがないから、昨日買っていたおにぎりをもう一個食べる。また腹が減ったので、八時三〇分頃ホテルの朝飯を食べに行く。することがないので、『不毛地帯（第一巻）』（新潮文庫）をテラスで読む。僕は全集で読んでいて、この日三巻まで読み終わった。あと一巻でお終い。あんまり僕は小説は読まないのだけど、これは面白い！ 映画やドラマでも山崎豊子さん原作のものはあるみたいだけど、僕はこれを読むまで読んだことも見たこともなかった。もったいなかった。学生の頃これを読んでいたら、商社マンになろうかなとか考えたかもしれない。そうしたら、また全然違う人生になっていたのだろう。若い人にもお勧めです。しかし、五〇〇ページの本を、一回休憩を入れただけで読んだから、目がしょぼしょぼする。途中、スーパーに行って、昼飯を買う。といってもおにぎり一個だけ。今日はあとはこれだけだ。スーパーに行っている間、バーバリアンの島崎さんもこのホテルに着いたみたい。明日一緒に会場に行くよ。

五時頃眠くなったので、シャワーを浴びて、ひげをそって、残りのおにぎりを食べて、六時頃寝る。九時間寝ると、朝の三時頃起きるのか、試合は三時頃だから・・・まあいいか、と思って寝る。時々起きたりしながら、翌日の午前四時頃目が覚める。もう起きたほうがいいだろう。体重は55・7kgくらい。300g余裕があるから、試合前にちょっと食べられます、ベストだ。毎年そういって食べ過ぎて、あわてて落としているので、注意しよう。会場の体重計の方が重く出るかもしれないし。

## 六月五日（土）アメリカ三日目

朝四時頃、目が覚める。体重は300gアンダー。本を読んだり、ネットしたり、ベッドでゴロゴロしたりして八時三〇分頃、朝飯を食べる。散歩と買い物に出かけて、弁当と水1L買う。一二時にタクシーが来たので、島崎さんと一緒に会場に行く。

試合場の体重計で体重を測ってみるとリミットぴったり。試合まで何も食べられない。ハチミツを舐めるくらいしかできない。

二時三〇分から計量。試合なので、それまでゴロゴロしている。緊張している筈なのに、時々ふっと寝たような気もする。珍しい。一五分前に着替えて、体操して、ちょっとダッシュをする。呼ばれて計量、ちょうどだった。また水含んで、ハチミツ舐める。試合までちょっと待たされたけど、呼ばれる。相手は、ノバウニオン所属のMarcelo Pereira（多分マルセロ・ペレイラ）。何か間の抜けた顔をしている。こんなやつには勝つだろう。（試合後、彼もムンジアル優勝経験のある実力者だと知ります。）

記憶で試合経過を書くと・・・大賀引き込み、相手上から攻めてくる。まあまあ上手いが、自分のガードの方が上手いし、パスはされない、と判断する。これは気楽だ。腕を流したり、フックから跳ね上げてもぐろうとするが、さすがに反応が早く、攻められない。一回、コムロックを取りかけて「やった！」と思ったら、あっさり腕を抜かれる。ガロの人は腕が短い。しょうがないので、スパイラルからもぐる、と相手横転。僕は上になれなかったけど、アドバン1つ取る。何だこいつ、スパイラル慣れてないのかな、いや、僕のスパイラルが切れているのだろう、とまたフェイントをかけながらスパイラルでもぐる、と今度はスイープになり上になる。ポイント2アドバン1で僕リード。この時点で五分くらい。

上から攻めようとするが、デラヒーバの足が上手くて攻め辛い。一回脇差しに入りかけるが、変な方から頭を押されて何故かはがされる。攻めようとして、ほんのちょっと乗りすぎ「あ、いかん、急いでもどらなきゃ」と思ったところで、もぐられて返されたのかもしれない。あんまり覚えていない。何か、ここで完全にバテていた。相手にハーフマウントを取られる。多分アドバンも取られているだろう。僕の片手は相手の股に入れていたので、もぐろうとするが、全くもぐれない。ピクッともしない。変だ、僕は三年前はブルーノにももぐれたのに・・と思うが、そこで時間。

レフェリー判定だったのかな？　上になった時、スイープのアドバンを取られた気もするから、1アドバン差かもしれないけど、よく分からない。まあ、完敗だ。スイープできそうになっても、わざとしないで、アドバンだけ取っていたら、この試合には勝ったかもだけど、それでは次のブルーノ戦には勝てないから、今回、優勝できなかったことは間違いない。思い知らされたけど、もうこれ以上やっても、僕がムンジアルでこれ以上良い成績をおさめることは難しい。

三九歳まで何とかなる、というか、ここにピークを持ってこようと思ってやって来たけど、技とメンタルは進歩していると思うけど、体力とスピードがついていかない。関口さんやメガトンとか四〇過ぎてもバリバリやっている方はいらっしゃるけど、偉大だ。多分、普通の人には無理だろうし、僕には無理だ。もう、全く悔いは無い。ここまでやれて良かった。ここまでやれない人の方が多いのだから。マスターシニアで優勝したし、ムンジアルでも三位になった。僕の素質と環境でこんなタイトルを取れたということはとても幸せなことだったと思う。

二〇〇三年末に黒帯になって、せっかくだから世界一になろうと思って、治療業とかもお休みして、三年半かけて二〇〇七年に初めの目標どおりマスターシニアで優勝して、それで終わっても良かったのだけど、何かムンジアルでもガロなら優勝できそうな気がして、それからまた三年やってきたわけで。目標を立てたら、当然、諦めないといけないことや犠牲にしなければいけないこともあるわけで、その犠牲と見返りを比べたら・・・どうなのだろう。マスターシニアに関しては、見返りのほうが多かったと思う。独身で気楽だったたし、三二～三六歳とまあ若かったし。「(一応)柔術黒帯世界チャンピオンですよ～」とも言えるしね。

ムンジアルという目標に対してはどうだろ？　柔術は確かにめちゃめちゃ上達したけど、家族もいたし、三六～三九歳という年齢を考えると、もっと他に注力するべきことがあった気もする。僕は寝技しかできないから、というのは簡単だけど、それに甘えていてはいけない。言葉を変えて言うと、僕はマスターシニアを獲る、という賭けには勝ったけど、ムンジアルを獲る、という賭けには負けたわけだ。三位になったのは、せめてものなぐさみだけど。でも、終わったことはしょうがない。あの時にムンジアルを狙う、という決断をしたのも終わったことだ。これからは、ムンジアルは獲れなかったけど、獲ろうと努力する過程で得られた経験を糧にして、これからの後半生を生活していきます。あれは本当に良い経験でした。

ということで、僕の選手としての活動はこれで終わりです。もう試合に出ることはないでしょう。完全にやり尽くしました。悔いはありません。それどころか、擦り切れました。古い人は、今までにも僕が二回（二〇〇〇年、二〇〇一年）引退宣言したのをご存知でしょうけど、今度は本当に。「今回のムンジアルは優勝だ〜優勝だ〜」と僕は言っていましたし、それを信じて応援してくれた方々には申し訳ありません。個人的には本当にする筈だったのですが、できませんでした。そして今回、その限界もはっきり感じました。いつもは負けても、すぐ「今度やったら」と思っていたのですが、今回は、全くそれが無いです。あ〜、すがすがしい。

これからは、ねわワでは、会員さんが上達するためのことに一〇〇％注力していきたいと思います。今までの練習時間は、自分の上達のため八〇％、会員さんのため二〇％くらいのエネルギーの注ぎ方だったと個人的には思います。他にも、色々やれたらやりたい。本当に、ここ七年は、生活の中心が「自分が強くなること」だったので、その習慣を変えるのが大変だとは思うのだけど。変えなければ始まらないし。本当に、応援ありがとうございました。これからも、違った形で応援して頂けるとありがたいです。よろしく、お願い致します。

# 第五章　他山の石

## 「試合で勝つ」ことに特化

僕は黒帯になってからは、世界一になるために柔術をやってきました。だから、その練習は「世界大会で優勝するための」練習、ということになります。一応書いておきますが、僕の考えですが、強い人と、上手い人と、試合で勝つ人は完全にイコールではありません。強い人は、練習で強かったり、身体が強い人。上手い人は、技がカッコ良かったり、技が上手な人。試合で勝つ人は、勝ち方を知っている人。心が強いのかもしれません。（念のために書いておきますが、それと人格の高さは何の関係もありません）。

もの凄い才能がある人は、強くなって上手くなって、試合でも勝てるのかも知れません。でも、僕はそうではありません。だから、「試合で勝つ」ということに特化する必要があります。それに必要なだけ、強く・上手くなれば良いのです。そうしないと、時間も体力も労力も足りません。まあ、紫帯くらいまでは、それは同じことなのかも知れませんが。それはおそらく、七大学柔道をやっている頃からそうだったと思います。どんなにきついことをやっても、四年生の七大学柔道で、いきなり大きい相手と当たって亀にされて、六分間潰されていたら、その人の四年間の努力はそれで終わるわけです。無駄だったと言われても何の反論もできません。そうならないためにはどうしたらいいか、ということは大学時代から真剣に考えていました。

どういう結論だったのかは自分でも良く分からないというか、言葉では言えないのです。これからは自分は強くならなくていいので、こんなことをどうやったら人に伝えることができるか、ということばかりを考えて過ごすと思います。何時か、ちゃんと言葉で伝えられるようになると思うのですが。

## 試合に沢山出て、試合強さを高める

僕は試合強さを高める必要があったので、黒帯になってからも試合に沢山出ました。コンディショニングやメンタルトレーニングのレベルを、できる限り上げていく必要があったからです。上手にするためには、ある程度つくったものも、本当にそれで正しいかは分かりませんから、それを壊して作り直して、また壊して作り直す、ということをしました。とにかく色々なことを試したつもりです。ですから、普通の試合ではそんなに強さは出なかったと思います。しかし、その経験があるから、本当に大事な試合では、その集大成で臨むので、自分の実力を超えた力を出すことができたと思います。

率直に言って、今の自分の試合に対するコンディショニングやメンタルトレーニング方法には、かなりの自信があります。だからと言って、日常生活でそれが役に立っていて、聖人のような心境で生活ができているかと言えば、全くそんなことはありません。そのコンディショニングやメンタルトレーニングの方法を人に伝えられるか、というのも非常に難しいと思います。僕は技を細かく説明するのは大得意なのですが、コンディショニングとかは、人によって違いますから。上手く伝えられるようになるために、これからも努力しますが。

## 「火事場の馬鹿力」を使いこなす

僕と乱取りをしたことのある人は知っていると思いますが、僕は普段、大して強くはありません。残念ながら、そういう強さは持っていなかったのです。ただ、それでも「世界大会で優勝するんだ」という目標を立ててしまったので、それを達成しなければいけません。結果を出すための方法として「火事場の馬鹿力」を、どう使いこなせばいいのか、ということをうんと考えていました。それはどういうものなのか、どうやってそれを溜めるか、どうやってそれを必要な時に発揮するか、ということです。

何で普段から強い人を目指さなかったかと言えば、自分に向いていないからです。精神的に疲れてしまう、擦り切れてしまいそうな気がする。「普段はどうでもいいから、肝心な時にちゃんとやれば良い」という姿勢は、昔、掲示板に書きましたが、受験勉強の時とか、七大学柔道の時もそうでしたから、それから来ていると思うのです。それが僕に向いているからです。最近は、日常生活も、もっとちゃんとして過ごさなければいけないとは思っていますが。

## どんなスタイルを目指すか

どんなスタイルを目指すか、というのは大変難しい問題になると思います。

(1)自分がやりたい方法（自分の理想に合った方法）
(2)自分がやれる方法（自分の身体・性格に合った方法）
(3)ムンジアルで優勝できる方法（実際に、試合で勝つ方法）

この三つを同時に満たす方法（スタイル）を想像して、それを目指し続ける、というのはとても大変なことだと思います。何といいますか、一、二、三の円錐があって、それを重ね合わせて、その重ね合わせた部分の高さが、ムンジアル優勝ラインを超えたら(他の人の高さより高ければ)、その人は優勝できると思うのです。

(1)を意識化するのもなかなか大変な作業です。人の動機なんか、無意識にあるからです。僕の柔道部の話なんかも、それを意識化するのに役立つと思って書いていたようなものです。動機が強くて理に適っているほど、円錐の底辺の大きさが大きいから、(1)の部分の高さがかせげるでしょう。運動神経が良かったり、試合に性格が向いている人は、円錐の底辺の大きさが大きいから、(2)の部分の高さがかせげるでしょう。(3)については難しい。どう言えばいいのか、説明できないってことは、自分でもちゃんと分かっていないのでしょう。しかし、まずこういうことを考えて練習しないと、右に行きたいとか、これをやっていれば右に進むのだろうと思って練習していても、実際は左に行っていることは多いのではないでしょうか。普通の人は間違いばかり起こしますから。もちろん、間違いを起こすから、より良い方向が分かるし、そちらに進めるのでしょうが。

## 認識力を鍛える

抽象的なことばかり書いているので、ちょっとは実践的なことも書きましょう。

A：「そんなこと言われても、一体どうやったら強くなるのか？」

B：「自分の今のままのやり方で、本当に強くなっていけるのか？」

今までに何度も受けた質問です。もちろん、僕も何度も自問自答しています。結局、まずは「起きている事」をちゃんと認識することが大事です。初心者さんは「何か分からんけど、気が付いたらパスされている」とおっしゃいますが、それを何度繰り返しても、上達は難しいです。何が起きているかを、よく観察して、「ああ、こうなったら自分はパスされるんだ」とまず理解することです。そうしたら「こうなった時に、どうやったらパスされないんだろう」と思うかもしれません。問題解決学では、「正しい質問ができたら、答えは半分出たようなものだ」と言います。先ほどの例では、ひょっとしたら正しい答えは「どうやったら、こういう状態にならなくて済むんだろう？」ということかもしれません。

便宜上、正しいとか正しくないという言葉を使いましたが、本当は正しいとか正しくないとかはありません。上達に効率が良いか・悪いか、とか、その人に合っているか・いないか、という方向はあると思います。「初心者さんは」と書きましたが、黒帯でも同じことです。勝手な例を出しますが、ブルーノフラザトとかマリオヘイスはコブリーニャに勝てませんでしたが、やはり彼等は「何でコブリーニャにこうされるのか？　どうしたら彼にそうされないのか？」という問いをきちんと立てられなかったのだろうと思います。問いに答えられないのは、能力が無いとも言えますが、問題の立て方が悪いとも言えます。可能性は無限ですし。

もちろん、僕だってそうです。まあ、黒帯でムンジアルで優勝していない人全員、柔術に関しては、この問いを立てたり答えたりすることに成功していないわけですね、極論ですが。それで僕は、二〇〇八年の夏頃から、自分の乱取りを見直すようにしていました。初めはビデオカメラで人に撮ってもらったりしていたのですが、撮ってもらう人に悪いし、頼めない時もあるので、監視カメラを二台買って、自動で撮れるようにしました。そして、映像を練習後、また、一時間弱かけて見直していました。面倒だったけど、これはとても為になりました。

これをやってから僕の戦績が上がったということはないのですが、とてもお勧めです。乱取りの内容を覚えられる人もいるみたいですけど、僕は全く覚えられないので、映像で見直さないと、身に付かないのです。

「こんなのやってられないよ」と思う人の方が多いと思いますが、青帯以上の人だったら、六〇分乱取りするより、三〇分乱取りして、三〇分乱取りを見直した方が、長い目で見たら強くなると思うのです。

多分「認識力」を鍛えることが必要なのでしょう。僕は会社員時代、上司に「感度を上げろ」と言われて、やっとそういうことに気付いたのです。興味の無い人から見ると、全部同じような内容のものでも、それを仕事にしている人とか、興味のある人にとっては、全然違うものがあるでしょう。試合や練習で強い人とやる時と、弱い人とやる時と、自分の内面（？）が全然違うでしょう。柔道時代から不思議だったのです。何で強い人と普通のルール（引き込み無し）で柔道をやると、あっさりいいところを取られて、打ち込みのように投げられるのかと。

寝技の強い人とやると、全然攻められないのです。弱い人と何が違うのかと思っていました。甲野善紀さんの本等を読むと、剣道の大家が「剣道は結局のところ催眠術だ」ということを言っていて、「確かにそうだよな」とか思っていた時期もありました。古賀稔彦も「組んでからが勝負じゃない。組む前から勝負は始まっている」ということを言っていました。

では、何時から始まっているのでしょうか？　審判が「始め」と言った時？　試合前、対戦相手と初めて目が合った時？　ウォーミングアップをする時から？　会場に入る時から？　試合前日から？　結局、毎日の積み重ねの中だと思うのです。何かまた使い古された、役に立たない言葉ですけど。しかし、こんなことを考えないでも勝てる人間なら、何も苦労はないのですが。

## 自分より、ちょっと強い人に勝てる練習

僕はそんなにキメが強い方ではないです。嫌がっている人から無理やり（顔を押したり、アバラを痛めつけながら）関節を取る、というのは嫌いなのです。（嫌がっている人を抑え込んだり、ひっくり返すのは何で良いのだと訊かれると本気で困りますが）。まあ、相手が腕を伸ばしたり、首を開けたりしたら、それはそれで、ありがたくいただきますが。

何でそうなったかと言えば、僕は「自分よりちょっと強い人にも、何とかして、勝てるようになる練習をしたい」と思っていたからだと思うのです。色んな方針があります。自分より弱い人に対しては確実に一本取るとか。自分より強い人には攻め続けて、一〇本取られてもいいから、一本取りに行くとか。僕は、自分より弱い人とやる時に無理遣り一本取るのは嫌いです。嫌いというか、意味が無いと思うのです。だって、僕の目標って、世界大会優勝だったから。「自分より弱い人なら間違いなく一本取れる！」という力を付けても、「相手が強かったら負けます」ということでは優勝できません。決勝とかに行ったら、相手は僕よりちょっと強いか、良くて同じ強さかですから。

自分より強い人には攻め続けて、一〇本取られてもいいから、一本取りに行くとか。若かったり、運動神経が良かったりしたら、それでも良いかと思うのです。僕なんかそうではないので、強い人とやる時は、守りをメインにして基本的にカウンターを狙うだろうし（守りをガチガチに

固めて、ひたすらカウンターを狙う、ではありません。念のため）。弱い人と練習する時は、基本的にギリギリまで攻めさせて、何とか戻して、攻める時は最低の力とスピードでもって、（ゆっくり動く時は、道衣はしっかり掴ませてもらう。道衣を掴まない時は、ちょっと早めに動く）攻める、という感じです。瞬発力を使わないっていうことなのでしょう。

一番言いたかったことは、自分よりちょっと強い人にも、何とかして勝てるようになる練習をしたい、こういう練習をしたら、世界大会で優勝するには一番効率良い方法だろう、と考えてやっていました。今考えると、どうだったのだろう？　まあ、僕の素質だったら、これがベストだったのだろうと思いますが。

白カニの試合のＤＶＤを送った方からメールが来たのですが、「自分の動きを見ると結構がっかりしますね」と書かれていて、ちょっと笑ったのですが。確かにそうですね。僕も、黒帯になるまでは、自分の動きを見るのが嫌でした。良く考えたら、黒帯になって、動きが良くなったから見直しても嫌ではなくなった、ということではないと思います。

ある意味、開き直りなのかも知れません。「こんだけしかできないけど、これがベストなんだ」って感じです。自分の声が嫌いな人は、声を良くする事は難しいだろうし、自分の容姿が嫌いな人は、それに向き合うのは辛いことでしょう。例えが違うかな？　同じことだと思いますが。今の自分のレベルをまず認めた方がいいと思います。自分の動きって、わけが分からないでしょう。

それって、やはり、前に書いた認識力が不十分なのだと思います。

見直している状態で「自分がどう動けば良かったのだろう?」という疑問に答えられなければ、試合の時点で動けるわけが無いし、その疑問に答えられない(もしくは、その疑問を作れない)ままで動きを見直しても、比較というかリファレンスというか、ベンチマークが無いから嫌になるのではないでしょうか。しかも、自分の動けなさだけが余計に気になりますし。

## ヒクソンが強い理由

僕がとても印象に残っている言葉があります。何時だったかも覚えていないし、誰が言ったのかも覚えていませんが、何の雑誌だったかも覚えていないのですが、「ヒクソンが強い理由?沢山の人にプライベートレッスンをしたからじゃないか」という意味の文章がありました。多分、多くの一流選手の癖とか長所とか短所とかを見たり体験することが、ノウハウの蓄積というか、大きな財産になったのだと思います。

結構、その言葉に納得した僕は、上手く言えませんが、そういう方針で強くなろうと思うようになりました。僕の技の説明が恐ろしく細かいのは、そういう理由です。また、これも脈絡の無いように思われるかも知れませんが、僕は白カニとか色カニとか開いていて、何時も思うのですが、日本中(東京中でもいい)の白帯の選手の良いところを集めた人がいたら、その人は黒帯になるだろうし、日本中の青帯の選手の良いところを集めた人がいたら、その人はムンジアルで黒帯で優勝できると僕は思っています。このレベルを、高いと思うか低いと思うかは分かりませんが。まあ、そんな感じで、僕は技術的には上達しようと思っていました。

日本人が世界で勝つ、ということについては、モデルがあった方が良いかも知れません。僕は、あまり他のスポーツは見ないので、イメージとしては、トヨタやソニーや松下とかが世界的企業になった、ということをモデルにしていた気がします。元々、僕は技術屋だったからかも知れません。僕はビジネス書とかよく読みますし、情報整理とか、メモ術とかの本もよく読みます。そうした方が頭の整理ができて、柔術が上手くなると思ったからです。まあ、運動神経が悪いので、そっちでカバーしなければ、ということです。

僕は会社員時代、京セラで半導体部品の開発をしていたのですが、その経験は柔術にとても役に立っています。今できていないことを、二～三年かけてできるようにする、ということを仕事にしていたのですから、それは役に立つ筈です。

東京に来た一九九九年から、黒帯になるまでの四年間、一番エネルギーを注いでいたのは、針灸とか整体についてです。このことも、柔術にとても役に立っています。身体のコンディショニングとか使い方とかのことですから、これも当然ですね。それと、学生時代に寝技ばかりの柔道をやっていました。これも柔術に役に立っています。僕は運良く、柔術に役に立つことばかりやってきたようにも思えますが、人と比べてそうか、ということについては分かりません。

営業や野球や眼鏡作りをやっていた人にも、柔術に活かせることはあると思います。多分、今までやってきたことが、ある程度真剣であったかどうか、ということの方が、やってきたことの内容より重要なのではないでしょうか。偉そうなことを書いていますが、現在の僕は、選手を引退して何をしようか？　よく考えれば僕って、道場経営者以外、何も潰しが利かないのでは、という現実にちょっとビビっているところでもあります。（もちろん、道場経営は続けますが）。何らかの形で今までの経験を活かせることを見付けてやっていくし、もし、直接には活かせないことであっても、寝技で鍛えた頭と身体を使ってやっていきます。それは、僕が会員さんに望んでいることでもあります。

## 初動負荷理論のトレーニング

心技体の、身体について書こうと思います。よく、「大賀さんは筋トレするんですか？」と訊かれます。「う〜ん、筋トレって何だろう？」と、まず思いますが、とりあえずやっていません、と答えます。学生時代は、部活で筋トレをやらされますから、やっていました。ベンチプレス１００kgも一回くらいなら上がりました。フォームは滅茶苦茶ですが。何で筋トレをやらないのか？　と訊かれたら、そんなに役に立つと思わないから、嫌いだから、面倒だから、減量の障害になるかもしれない気がするから、というのが僕の答えです。

正直に言って、僕は体重の割には力があるので、あまり必要性を感じない、というのもあるのかも知れません。怪我を防ぐための筋トレは必要だと思います。自重を使った腕立てとか首の補強です。見栄えの良い筋肉とか身体は僕は特に興味が無いのです。神経の働きとか身体の使い方をより良くすることの方が、僕には興味がありました。

九九年に鹿児島から東京に出てくる時は、若かった僕は「東京に行って、甲野善紀さんとか高岡英夫さんに色々習って、達人になろう！」とか思っていました。「野口整体とかアレキサンダーテクニックとかフェルデンクライスとか何でも習えるじゃん！」と、とてもワクワクしていました。その割には結局どれにも、のめり込んだりしなかったのですが。

一番ちゃんとやったのは、初動負荷理論のトレーニングでした。二〇〇五年頃には、週に一回、目黒近くに通って、トレーニングをしていました。本当にこれは良いトレーニングだったと思います。この年には、マスターシニア二位になりましたし。まあ、しばらくしたら、時間をとるのが大変になって、工夫して道場でやるようになりましたが、二〇〇六年頃から忙しくなって（という口実で）パッタリと止めてしまいましたが。

## 身体能力とは何か

よく、「身体能力」って単語を使いますね。僕はその単語、あまり好きではないのです。身体能力って何でしょうか？　運動神経か？　筋力か？　スピードか？　身体の協調した運動能力か？　より高い次元の身体の使い方ができる、ってことか？　身体を動かすための判断能力のことか？　身体全体のバネのことか？？　それを全部ごっちゃにしているのであれば、それで負けているなら勝てるわけがありません。どうやって勝つのでしょう？

具体的に言うと、「身体能力で負けた」と、「相手が強かったから負けた」と、同意語でしょう。それなら、そんな言葉を使う理由は無いでしょう。どこかで負けているなら、どこかで勝たないと。それは各要素で細かく見る必要があると思うのです。僕が優れているのは、ジワジワした力を出し続けられるところです。（泥臭いなぁ、書いていて情けないよ）。要は、運動神経やスピードやバネは無いです。身体を動かすための判断能力も無い。球技は全然駄目ですから。まあ、それで、僕は、身体の使い方を上手にしよう、という方向に行っていました。

スピードトレーニングとかをして、苦手な分野の能力を上げた方が良かったという考え方もありますが、やったとしても、初めが低過ぎたので、労力の割には成果は上がらなかったのではないかと思います。スピードを付けても指導にはあまり役に立たないけど、身体の使い方を上手くしたら、それは指導に使えますから。

スピードトレーニングとかをして、ちょっとスピードを上げて、見栄えの良い技もできるようになったりしたら、乱取りも試合も派手になって良かったかもしれないけど、僕の場合はそんなことをやっても（そんな方面で伸びて行っても）ムンジで優勝するレベルには成れないだろう、と判断しました。だから、しなかったわけです。ムンジが終わった時、ほんのちょっとだけ「俺もこれからは、見ている人を沸かせるような試合をする選手を目指そうかなぁ」と思ったこともありましたが、そんなことをしても、僕の人生には大したメリットは無さそうだし、自分自身もそれを物凄くやってみたい！　とは思わなかったのでやめました。もっと他に、僕のやるべきことがあるだろう、と思ったのです。もう、寝技の他には無いのかも知れませんが。

## 寝技は、まんべんなく身体を使う

寝技をやっていると、引く力ばかり強くなって、バランスが悪くなると一般的に言われると思います。僕もそう思っていました。「身体に悪いよな」と。だから、バランスを取るために、補強をしなければいけないとも思っていました。例えば、乱取りでは腹筋をたくさん使うから、背筋もしなければばと。

しかし、今のレベルになって思うのは、全然そんなことはないということです。やぱり、寝技をしていても、身体を曲げたり反らしたりひねったり、押したり引いたり、蹴ったり引っ掛けたり跳ね上げたり、まんべんなく身体を使えるのです。というか、使う必要があるのです、色んな状況に対処しなければなりませんから。（それを邪魔するのは、やはり先入観です）。それが分かってからは、筋トレなんかする必要はないなと、より思うようになりました。怪我を防ぐための筋トレは必要ですけどね。

そう思うようになったのは、黒帯六年目くらいからです。乱取りしていて、身体に偏った疲労が溜まると思われる方は、バランスを取るための筋トレはやった方がいいかも知れません。週に一、二回の趣味の練習をされているのであれば、そこまで気を使う必要もないですが。ゴチャゴチャ自分の身体をいじるよりは、休む方が余程間違いもないですし。走るのはとても良いことだと僕は思ったので、試合前はやるようにしていました。サーキットとかもやれば良かったのですが、一回もやったことがないです。その辺は僕の弱いところですね。バランスボールとかもやれば良かったとは思うのですが、ちょっとはやったけど、あまり熱中はしませんでした。

武術の動きがどうのこうの、とか言う人もいますね。甚だしい人は「現在のスポーツ選手はトップ選手でもレベルの低い身体の使い方しかしていない」と言いますが、単なる勘違いだと思います。それは、何でも役に立ちます。柔道もサンボも柔術に役には立ちます。囲碁だって料理だってゴルフだって、何だって応用さえ利かせば、柔術に役に立たせることはできるでしょう。

武術とかも、そんなレベルで柔術に役に立たせることはできる。でも、それは単にそれだけのことだと思う。魔法のように役に立つ、ということは普通はそんなに無いと思います。時々ピタッとはまってパフォーマンスが向上する人はいるかも知れませんが。（今までやっていなかったことをしたら、半分くらいの人は、一時期はパフォーマンスが上がるのはそんなに不思議なことではないような気がする）。そんなことがあると、余計に幻想とか高まるのでしょう。でも、それで人を騙したりするのはいけないし、自分から騙されに行く必要もないでしょう。格闘技をやっている人って、幻想好きな人が多いから、それと心中したい人はすれば良いと思うのですが。人に迷惑をかけない範囲で。

もちろん試合を離れて、その人の考える「理想の柔術」というものを、より完成させるために、そういうものを必要とする、というのであれば、それはそれでありだと思います。（それは競技で勝つようになるかどうか、とはそんなに関係が無いように思います）。

僕個人では絶対気付かなかっただろうことを、あんなに本や雑誌で公開してくれた高岡英夫さんには、心からありがたく思っています。あの系統の先生方の中では、高岡・宇城両先生は僕は大好きです。あの方が人間的にどういう方か知らないのですが、両先生の情報はとても貴重なものだと思います。しかし、高岡英夫の書いたヒクソンに関する文章は、寝技を知っている人間からしたら「え？」と言いたくなるようなものも多いのも事実です。まあ、僕のこの文章も含めて、情報は取捨選択して取り入れてください。

## 本分以外のことに割く時間

極端なことを書いたから、ちょっと補足をしておきます。筋トレは無駄ではないです。やった方がいいです。続けないにしても、一時期はよくやる時期があった方が良いと思います。筋トレを続けて良いのは、筋トレをすることでパフォーマンスが向上している、という実感が得られる人なんでしょう。それは運動神経なのか、体質なのか分かりませんが。まあ、僕はそうでは無かったのです。努力が足りなかっただけかも知れませんが。

雑誌『秘伝』でも、SBの吉鷹さんが、「実は今まで、僕は一度も自由な組手、スパーリングをやってもらったことがないのですよ。・・・私の技の攻防を容易に封殺するほどの技術を持ち合わせた御方には残念ながら、未だかつて御会いしたことがございません」ということをおっしゃっているみたいです。

僕は七大学柔道の選手は柔術とかやらない方が良いという派で、中井さんはドシドシ交流すべき派です。会った時「五〜一〇%の時間やエネルギーの範囲なら交流した方が良いと思う」と言ったら「俺もそう思う」と言われたので、結局同じ事を言いたかったのかと思ったこともありました。やはり数字で対話するのは大事です。どの位の時間やエネルギーを本分以外に割くか、（本分以外のことに、どれくらいの時間を割いたら、本分に良い影響を極大にもたらせるか）というのは人それぞれ違うと思います。もちろん、同じ人でも時期によって違うと思います。

## 試合前・試合中は考えない

試合に際して、精神面が大事だとよく言われますが、どうなのでしょう。僕の経験では、こっちがビビっていても、相手が弱ければ勝つし、こっちが自信たっぷりでも、相手が強ければ負けます。だから、そこまで大事ではないのではないか、という気もしています。最低限のレベルさえ保っていればですが。

気持ちが勝敗を決めるというのは、よほど実力が拮抗している相手だけだと思います。そういうことが起こるのは、試合を一〇回やるとしたら、一~二回ではないでしょうか？　いや、一回あるかないか位かも知れません。だけど、その一~二回が次の試合になるかもしれないから、毎回毎回、気持ちを高めなくてはいけませんが。

もちろん、メンタルの要素が大きいという競技は別です。でも、柔術って、そんなにメンタルの要素は大きくないと思うのです。組み合えば大体分かるし。ひょっとしたら、先手を取れるかどうかをメンタルの要素にするか技の要素にするかが人によって違うのかも知れません。僕は技の要素だと思います。「敗因を精神面のせいにすることがあるけど、本当は単に体力や技術面の問題なことが多いんじゃないの？」と思います。よく「心が折れる」と言うけど、それは単に「スタミナが切れた」ということであり、「気合が入らなくて身体が動かなかった」というのも、単に相手に間合いを制されただけのことがあるのではないかと思うのです。

僕なりに精神面のこと、僕の根本的概念について書きます。「試合ではゴチャゴチャ考えないで、全力を出そう」ということです。試合直前とか試合中には、あまり考えない方が良いと思います。僕の文章は理屈っぽいかも知れないので、僕が試合中にも理屈で動いていると思う方もいらっしゃるでしょうが、それは無いです。勝手にヒラメキが来てくれることもありますが、それは能動的なものではないです。

ねわワＨＰの推薦図書『新インナーゲーム―心で勝つ！　集中の科学』、この本が一番、僕の言いたいことを言ってくれていると思います。「勝ったらこんないいことがある」とか「あの人のためにも勝とう」とか「負けたらこんなことになっちゃう」というのは、試合前の練習をしている時に、くじけそうになったら、それに負けないように思うものであって、試合直前や、試合中にそんなことを考えたら、身体が動かなくなってしまうのではないでしょうか？　まあ、これは僕の場合です。考えた方が身体が動く方は、そうされても、もちろん構わないと思います。

ただ、僕の考えですが、スポーツ誌とかに載っている、凄い選手の多くの人は、「試合前は余計なことを考えずに集中するだけだ」ということを言いますね。時々、そういうのを見て「色々考えなくても、凄い成績を残せるなんて、やはりあの選手は凄いな。自分とはレベルが違うんだな」と思う人がいらっしゃるようですが、それは違います。考えないから集中できるのでパフォーマンスが良いという、それだけのことです。

多分、映画とか小説とかマンガの影響なのではないでしょうか？　ピンチの時にゴチャゴチャ考えて、そのお陰で逆転するとか。僕の考えですが、実際そういうことがあるとしたら、集中していて、勝手にそういうヒラメキが出てきて、そのお陰で勝つ、ということはあるかも知れませんが。うろたえて、試合中にアワアワ考えたりしたら、多分そのままズルズルやられると思います。

## イメージトレーニングで緊張に慣れる

質問「どうやったら緊張しなくなるか？」

僕が一番良かったのは、イメージトレーニングです。試合に出るところを想像します。試合前日に寝るところでもいいし、朝出かけるところでもいいし、会場でアップしているところでもいいし、次が自分の試合だというところでもいいし、自分の試合が始まるところでもいいと思います。その時の雰囲気や、肌の感触や、自分が緊張しているところを想像して、緊張してみます。上手くやると、メチャメチャ緊張できます。

そして、それでも自分が全力を出せるような心身の状況になるように自分をコントロールするのです。単に緊張に慣れるだけなのかも知れませんが。それとも、緊張することにバカバカしさを感じるのかも知れません。まあ、緊張に振り回されなくなるような方法を色々考えてみます。それは実際の試合（ムンジアルとか大事な試合ではない時）で使ってみます。良かったら大事な時に使いますし、駄目だったら他の方法を探します。そんな風にして、緊張しなくなる自分なりの方法を僕は作りました。「集中しろとか言われても、その方法が分からない」と言う人は、集中という状態が分かっていないからではないでしょうか？　目指すのです。目指す状態なのです。明確に「これが自分が集中している状態だ！」というのを目指して、自分を心身共に持って行くのです。

無心とかは無理ですよ。心は跳ね回っている馬みたいなものだから、行く先をこっちが決めてやらないと、勝手な方に動いて行きます。だから「集中している状態はどんなものか」を自分が分かっていなかったら作りようが無い。目指しようが無いですから。

それはどうしたら分かるのか？　そんなのは自分の状態を良く知るしかないと思います。どういう時に自分が良いパフォーマンスを出せるか。自分が得意なことをする時は、その状態になっていることが多いから、それを別の状況でも再現できるようにするのです。

質問「私だけかもしれませんが、アップを済ませて試合直前までまったく別のことをしてたほうが、試合での調子がいいです。例えば、前日は変わらず練習に行ったり、試合会場に資格試験の本持ち込んで勉強したり、柔術仲間とバカ話をしてるとか、仕事のこと考えていたり・・」

何もしないでいることで余計なことを考えて、集中できなくなるよりは、その方が良いと思います。桜庭さんも確かＵＦＣか何かで勝った時、試合直前までゲームをしていたとか言っていいました。当たり前ですが、それで上手くいっているのであれば、それで良いと思います。偉そうな人が何を言っても関係ないです。僕は何もしたくなくなる派ですが。（ただ、それが本当かどうかは僕は確かめます。どうでもいい試合の前には逆のことをしたりして。自分の状態によって変わることもあるのでね）。

質問「僕は、試合なのに、ライトスパーみたいなメンタルで臨んでしまって、変に“受けて”しまい、後手後手に回ってやっつけられる、ということがよくあります・・・。」

これは済まないけど、集中ということが分かっていないのではないでしょうか？　最速で相手に反応できる状態に持っていかないで試合をしてもかなりきついです。駄目だと言うことが分かって良いかも知れませんが。僕は試合前はリミッターを外そうと思っているので、（通常の乱取りでは、相手に怪我をさせないように、いきなり体重をかけないようにしようとか、突発的な動きをしないようにしようとか、とりあえず相手にいいところを持たせて始めようとか、組み手をブチブチ切らないようにしようとか思っているので、そのモードにならないようにならないように、と方向づけるということ）それがいいのかも知れません。

## 各モードで練習

質問「“試合前はリミッターを外そうと思っている”に興味があるのですが、逆に通常の乱取りでは、“リミッターをかけている意識”を明確に持たれているのでしょうか？　だから、外そうと思った時に外せるのかと邪推したのですが・・。」

はい、そうです。僕の中には初心者モード、白帯モード、青帯、紫、茶、黒・・・と各モードがあって、相手に応じて使い分けている感じです。白帯モードでやりながら、守りながら「ああ、今の守り方はミスしたなぁ、相手が黒帯だったら、あの方法でやられていたはずだ」とか考えたりします。だから、誰とやっても練習になるのだと思います。

山下泰裕さんは「練習でも常に組み勝っていた」とおっしゃっていますね。そのくらいでないと本当に強くなれないのかもですが。僕にそんな精神力は無いから無理ですが。僕の中には各帯のモードがあるから、相手が予想以上に強かったら「あなた、もう、青帯でいいんじゃない？」と伝えられることになります。

## 思考と感情とエネルギー

思考と感情とエネルギーについて書きます。思考は意志の助けになります。でも、エネルギーにはなりません。エネルギーは感情から作られるようです。感情は引き金のようです。喜びでも怒りでも崇高さでも恐れでも、エネルギーを生み出すのに役立つのであれば、使って良いと思います。ただ、それはエネルギーを引き出すのに使うだけで、感情に思考を絡めて、余計なものをゴチャゴチャ付け足すのは良くないと今のところの僕は思っています。僕もまだ完全に納得し切れていないのですが。誰か分かっている人がいたら教えて下さい。

ちょっと古い話ですが、レオジーニョが足首を怪我していたけど、ＡＤＣＣで優勝した年、インタビューで、「練習していた時間より、教会でお祈りしていた時間の方が長かった」ということを言っていたと思います。パイシャオンも、マリオヘイスに勝って、ムンジ王者に返り咲いた年、インタビューで同じことを言っていた記憶があります。

日本人に比べて外人さんがハングリーだとかはよく言われるけど、宗教心についてはあまり聞かないですね。でも、僕はそういうのも大事だと思うのです。その理由は上手く書けないですけど。念のために書いておきますが、僕は特に特定の宗教を好きだとか言うことはありません。

## 練習を振り返る大切さ

柔術のトップ選手のインタビューを読むと、練習するのは当たり前として、「練習を振り返って、何気なくかかったあの技は、何でかかったのかとか、そういうことをみんなで話し合う時間が結構長い」ということをよく言っている気がします。あと、彼等って乱取りの本数が少ないです。こういうことも、とても上達のヒントになることだと思うのです。

柔術魂シリーズで僕が一番ショックを受けた言葉は、ガルシアの「みんな柔術を進化させせようと思っていないから、柔術の技術が発展していない」というような発言でした。「お前、そんなこと考えとるんか！」と驚きました。それからは、僕もそういうことを考えるようにしようと思いました。メンデスもよく言います。「新しいポジションができるようになった。コブリーニャはこれに対応できていない」と。凄い言葉ですね。これはまだ全然、理解できません。ポポビッチがガルシアに勝った時、「みんなガルシアを止めようとするから彼の術中にはまってしまう。先に先に動くことで彼に勝つことができた」ということも言いました。これも分かるような分からないような感じです。こういう言葉を聞いた時に「そんなん当たり前じゃん」と思えるような自分だったら、ムンジで優勝もできたのかも知れません。

## どうすれば身体が効率的に動くのか？

質問「技の掛け方を変える時って、どうやって矯正してるんですか？　沢山打ち込みしてる訳じゃないですよね。乱取り中とっさに昔のやり方でやっちゃったりしないんでしょうか？」

一回で変わる時もあるし、変わらないかも知れない。その時に、「あ、しまった」と思えるようになればいいのです。そうしたら、だんだん変わって行きます。思うだけで変わらないというのは、単に分かっていないということです。その時は、理解を深めるようにすればいいと思います。必要なら、打ち込みを何度もすればいいのでしょうが。

僕の考えでは、打ち込みは「頭で分かっている技をできるようになるようにする」ということではなく、「頭で分かっているけど身体が動かない」のを動くようにするためにするものだ。それは「沢山やっていれば身体が自然に動くだろう」というものではなく、一回一回「どうしたらもっと身体が効率的に動くのかなぁ」と頭を使いながらするものだと思う。まあ、分からないから沢山やっていたら、自然に身体が効率的に動くようになったということも、もちろんあると思いますが。あくまでも、僕の場合です。あと、ハニヤヒーラの『柔術魂』のインタビューも凄かった。「技は一〇〇%の正確さでなければ意味が全くない。技が正確でなくても、力を使えばかるけど、それは柔術ではないんだ」と言うことだったと思います。あれも、僕はとても好きな言葉です。本当に心から同意したいです。自分なんか、まだまだですが。でも、富山のバーバリアンの福本代表は、昔、彼にノースサウスをしてもらったことがあるけど、「すごい馬鹿力だった」とおっしゃっていました。

とてもとても恐ろしいのは「忘れてしまう」ことです。これは、みんなはどうなのでしょうか？　僕は物忘れが激しいからかもしれないけど。今でも「おお！　これは大発見だ」と思うことがあるけど、よく考えれば「二〜三年前も同じことに気付いていたな、ずっと忘れていたのか」ということを思い出した時の情け無さは大変大きなものです。上達を阻害する大きなものは、怪我とか、こういうことを忘れることだと思うのです。

## 道場経営者&柔術レッスンプロ

立技ができなかったのは、僕の最大の弱点だったと思います。これができれば、あんなこともこんなこともできた筈ですが。何でできなかったのかといえば、素質が無かったから、やったら怪我をするからというのが大きな理由でした。とにかく、怪我は嫌でした。身体の頑丈さがなかったのかも知れませんが、単に運動神経が悪かったからだと思います。身体を上手に翻したりする能力が無かったのかも知れません。

小学生の頃は、相撲は結構強かったのですが。そこまでして怪我をしないようにしていたので、今でもサポーターも何もしないで乱取りできるのは、ありがたいことだと思います。ある程度、身体も丈夫だったのでしょう。両親には感謝です。

ついでに書くと、首が悪かったのも痛かった。これは会社員時代に痛めました。できないガードとかできないパスもあるし、とにかく、首に負担がかかる（かかる可能性がある）ポジションを取れないのです。これも終わったことだからしょうがない。誰だって選手をしていれば、ある程度はこんなものでしょう。

道場経営者&柔術レッスンプロである、ということは、柔術選手にとって良いのか悪いのか、には色々な考えがあると思います。実際、男子ムンジアル入賞者で言えば、吉岡・本間さんは経営者でもレッスンプロでもありません（と思います）。しかし、そもそも柔術レッスンプロ&

選手であるなら、それ以上に強くなければ駄目な筈です。そういう意地のようなものは、結構僕にはありました。だって、スポーツ特待生が普通の学生より戦績が悪かったらいけないでしょう。まあ、これも僕は果たせなかったので、(吉岡・本間さんは、二位。僕は三位)若い道場経営者に頑張って欲しいものです。

## 世界一になるための「心・技・身体」

世界一になるためには、世界一の運動・栄養・休養が必要なのだろうと思っていました。高橋尚子さんもそんなことを言っていたと後で知って、やはりこの方向で良かったのだと思いました。業界のレベルが違い過ぎるので、彼女と僕の運動・栄養・休養のレベルは、全然違いますけど。試合なんて、対戦者同士の心技体の総合力を比べて、それの高い方が勝つ、それだけのことだということに気付いた時は、我ながら感心しました。それぞれの要素について、もう少し細かく考えてみたのが左です。

■心

・柔術競技で結果を出すことに命を懸ける覚悟と、「寝技が強い」ということは一般社会的には何の価値も無い、という理解を両立させること。

・本番で最高のパフォーマンスを出すメンタルコントロール能力。三昧
・崇高さ

■技
・技術体系を広く深く理解して使いこなすこと
・身体の動きを含めて、技そのものの合理性をより高めること
・タイミング、コンビネーション、虚実

■身体
・身体の全器官の機能を知り、それを高めること
・運動・栄養・休養のバランス
・好・不調などの変調に対する感度を高めること

これも何年かかけて作ってできた時は「我ながら凄いなぁ、これに沿っていけば優勝できるぜ」とか思っていたのですが、結局は駄目でした。方針が駄目だったのか、努力が足りなかったのか(才能が圧倒的に足りなかったのか)、僕には良く分かりませんが。

歴史を作りたかったのですが、残念です。まあ、ＩＢＪＪＦのＨＰの試合結果に名前が残せ

たことだけで良しとするしかないでしょう。しかし、もっと載せたかった。こんな風にして駄目だったという例を挙げたので、これからこの競技をされる方にとって、ちょっとでも役に立てば幸いです。

# あとがき

若者を対象にした話を「あとがき」にします。やりたいこと、やりたくないこと、得意なこと、不得意なこと、このマトリックスがあります。やりたくて得意なことを仕事にできれば最高。得意でやりたくないことは、仕事にするのが次善。やりたくなくて不得意なことは関わらないこと。これを仕事にすると最悪。事務作業は不得意だけど、ブルーワーカーはやりたくないみたいな人は大変。やりたいけど不得意なことは趣味にすればいい。これを仕事にすると周りが大変だし、本人ものにならなかったら辛いでしょう。

僕の場合は、不得意だけどやりたいことがあまり無かった。カッコ付けたりとか、人目を気にしなかった。普通の人と違うことがあまりにも多くて、それで子供の頃は大変でした。しかし、そのお陰で好きで得意なことに注力できたから本当に良かったと思っています。

自分がやりたいことを知る能力を高めることです。今感じている欲求のレベルが高い欲求か低い欲求かは、一生かけて判別能力を高めていくこと。実はある意味、これが人生を決めるものです。最初は殆どの場合失敗するから、今からドンドン自分の欲求を感じる、ぼんやりではなくてハッキリと。それがどのようなものなのか位置付けを整理して、優先順位を付ける。欲求には大事、大事ではない、緊急、緊急ではないの判断基準があります。大事ではないけど緊急なものばかりやっていると駄目です。これは仕事にも通じるというか、極意みたいなものです。

宝くじを買い続けている人と買ったり買わなかったりしている人では、僕は買い続けている人が骨があると思う。僕とは価値観は違うけど。でも、もっとハッキリした意志があって、宝くじを買ったり買わなかったりしているのであれば、それはそれで偉いと思う。だから結局、自分なりの価値基準を持つべきです。そしてそれに沿って優先順位を付けること。もちろんそれは、初めは人の受け売りでも構わないけど、実際に自分の生活に使ってみて、フィードバックを受けて、自分なりに改良する。性格によって、最善手は変わる。それが上手くいくと自信と確信になります。そしてそれは必ず、いつかは大きな揺さぶりを喰らう。その時に謙虚に「まだまだ自分の価値基準はレベルが低いものなのだ」と、それを受け止めて今まで持っていた価値基準を、そのショックが持つ違うパラダイムをも含むものにレベルアップしていく。そうやって自分をより強く賢くしていくものだと思います。

自信を持って努力するといいです。僕から見ると、努力している人はあまり自信を持っていないから肝心な時にそれを最大に発揮できないし、自信を持っている人はあまり努力をしないので実力が付かないように見えます。すごく勿体ない。自信と努力と両方が大事。自信という言葉があやふやなら、実力を付ける努力と同じくらい、それが必要とされる時にそれを最大限に発揮させるためにはどうしたらいいか、ということを追求する努力をした方がいい。それをやらないで、実力を付ける努力ばかり重ねても、現実の役には立たないでしょう。ここで自信という言葉を言い換えてみたけど、このように、あやふやな概念をそのまま使わないようにするのがとても大事です。自分で意味が分かっていない言葉を使ってしまうと、改善のしようがありません。

複雑さと単純化、合理と不合理など、矛盾するものを両立させる。現実は恐ろしく複雑です。それを受け入れて、できる限りそのまま理解しようとする。それは観察、情報の受け入れで、自分が意志判断、実行する時は、それらを極力単純化して、シンプルに実行できるようにすることです。物事を細かく正確に観察することと、物事を大きく捉えて、細かい部分が全体にとってどういう位置付けであるのかを当価値に行うこと。また静止状態だけでなく、時系列でもミクロ、マクロなことについて、それらはどのように変化してきて、これからするのか、ということも同時に考えられるようになったらいいですね。

例えば僕の場合は、合理、不合理を自分なりに両立させている例としてこう考えています。

生きていることは単なる偶然の産物で、意味はないと思っています。「何のために人間は生きているんだろう」とか、「俺がこれをすることに何か意味があるんだろうか」とか、生きる意味を合理的に考えようとすると、僕はろくな方向に行かない。気持ちが暗くなるし、行動が止まってしまうから、そう思うようにしています。だから、人生で何をするかは感情というか、内なるものというか、ワクワクする気持ちに沿うようにしています。感情が動かないとエネルギーが湧かないから。そして、それをどう実現するかには合理的思考をフルに使う。これらの使い方を学ぶのも、ある意味、人生の目的だと僕は思います。

自分なりの、こういうものを作るといい。それは人によって違っていて構わないし、ある範囲では違っていて当然です。それが適切であるかどうかの判断基準は「それで実際上手くいくかどうか。日々の生活がスムーズに進んで、長い目で見て自分や周りが成長できているかどうか」なので、それを自分で客観的に判断するしかないです。

生きていることは、僕は意味はないと思っていると書いたけど、僕は神社の隣で育った影響があるのか、本質はとても宗教的な人間だと思っています。学生の頃はそんな本ばかりを読んでいました。だから、自分の中でバランスを取るために、こう言っているのかもしれません。

自分に限って言えば、若い頃、馬鹿みたいに本を沢山読んだことが良かった。本を読むことをネガティブに捉える人もいるけど。確かに人としゃべったり、日常生活から学べる人はそれでいいと思う。それが苦手な人は、本を読むのはいいというか、それしかできないから、そうするしかない。僕は読書好きだったから、伝記、経済、仕事、統計確率、人生訓、宗教などの本も何も苦になりませんでした。

自分を変えたいと思う人もいるでしょう。僕の場合は、大学四年時の柔道の試合で負けて、自分に対して心の底から愛想をつかす経験をしたのと、同じ頃に親しかった友達がいきなり病死する、という当時の自分にとってはとてつもなく大きな体験があったから余計に強くありました。

　マシュマロテストは大事ですが、我慢できることとできないことは人によって違う。それは個性というか、人間に一番大事なものでもあるので、どうしてもやりたいことは無理に我慢しない。しかし、達成したいものが大きければ、我慢のレベルを上げることも必要になります。それが成長とも言えます。何になら命をかけられるか。人生で何回かは命がけで物事に取り組むことはあると思う。命をかける、命を捨てることが人生の価値、ハイライトと言えます。生きるために生きているのではなく、何かをなすために生きていって欲しい。そのイベントが起こるまでの人生はそれの準備期間だし、そのイベントの後に命があるのなら、それは余生と言える。何にでも旬はある。人生も同じです。もちろん、そのイベントを人生で何度も起こしたり、出くわすことになる人もいるかもしれませんが。これからの日本を支える若者に対する言葉ということで、かなり厳しい事も書いてしまいましたが、この本を読んで「世界一を目指そう！」と頑張ってくれる人が一人でも多く現れることを願っています。

　最後に、いつも僕を支えてくれる家族に、心からの愛を捧げます。

二〇二四年三月吉日　大賀幹夫

**監修者紹介**

大賀　幹夫（おおが　みきお）

1971 年 1 月 17 日生まれ。九州大学で柔道を始め、寝技を中心とする七大学柔道を学ぶ。2003 年に中井祐樹（現在：日本ブラジリアン柔術連盟会長）から黒帯を認定され、2007 年マスター&シニアインターナショナル黒帯シニア 1 ライトフェザー級・優勝。アジア人初のブラジリアン柔術黒帯世界王者となる。2007 年ムンジアル（年齢無差別の柔術世界大会）黒帯ルースター級・3 位入賞。その他、国際大会・国内大会での優勝&入賞多数。

175cm 65kg。ブラジリアン柔術黒帯五段。柔道初段。

東京都千代田区・新宿区・調布市で大賀道場を運営。ブラジリアン柔術団体「ねわざワールド」代表。現在では国内と海外に 60 以上のグループを持つ。

大賀幹夫　HP

https://ogamikio.jimdofree.com

**著者紹介**

宮本 明浩（みやもと　あきひろ）

1960 年 6 月 14 日、山口県岩国市生まれ。松山商科大学経営学部経営学科卒業。株式会社ヌース出版・代表取締役社長。フォルトゥ—ナ書房・代表。高校時代は体操部だったが、高 3 の武道の授業で柔道を選択し、岩国高校柔道部監督の香西先生から柔道初段を頂く。寝技には絶対的な自信を持ち大学で柔道部に入部するが、空前のディスコブームに精神を奪われ柔道部を退部。その際、濱田初幸先輩（当時：愛媛県警）の温情で無事に退部することが出来た。32 年間の東京生活の後、生まれ故郷に U ターンすると、ブラジリアン柔術の道場があることを知り還暦を過ぎてから始める。そして、「大賀幹夫セミナー」で山口県に技術指導に来られた大賀先生と出会う。2024 年 3 月 8 日、63 歳で「のん@柔術クラブ Z」の角師匠（ブラジリアン柔術黒帯、柔道 4 段）から青帯認定を頂く。著書:『超自分史のススメ』(ヌース出版発行)

**世界の頂点を極める　—アジア人初のブラジリアン柔術黒帯世界王者への道—**

2024 年 4 月 26 日　初版発行

著　者　宮本明浩

監修者　大賀幹夫

発行者　宮本明浩

発行所　株式会社ヌース出版

（本　社）東京都港区南青山２丁目２番１５号　ウィン青山 942

電話　03-6403-9781　URL　https://www.nu-su.com

（編集部）山口県岩国市横山２丁目２番１６号

電話　0827-35-4012　FAX　0827-35-4013



ISBN978-4-902462-30-2